열 정 이   이 끄 는   성 공

리 J. 콜란 지음 / 송경근 옮김
HANEON.COM

열정이 이끄는 성공

펴 냄   2006년 9월 1일 1판 1쇄 박음 / 2006년 9월 3일 1판 1쇄 펴냄
지은이   리 J. 콜란
옮긴이   송경근
펴낸이   김철종
펴낸곳   (주)한언
          등록번호 제1-128호 / 등록일자 1983. 9. 30
주 소   서울시 마포구 신수동 63-14 구 프라자 6층(우 121-854)
          TEL. 02-701-6616(대) / FAX. 02-701-4449
책임편집 최선혜 sunhae@haneon.com
디자인   최지안 jachoi@haneon.com
홈페이지 www.haneon.com
이메일   haneon@haneon.com

이 책의 무단전재 및 복제를 금합니다.
잘못 만들어진 책은 구입하신 서점에서 바꾸어 드립니다.

ISBN 89-5596-343-2 03320
     89-5596-346-7 03320 (세트)

열 정 이   이 끄 는   성 공

PASSIONATE PERFORMANCE

당신이 가진 가장 강력한 경쟁우위는 당신의 경쟁자가 도저히 모방할 수 없는 것이다. 그것은 바로 당신과 직원들의 머리와 가슴이다.

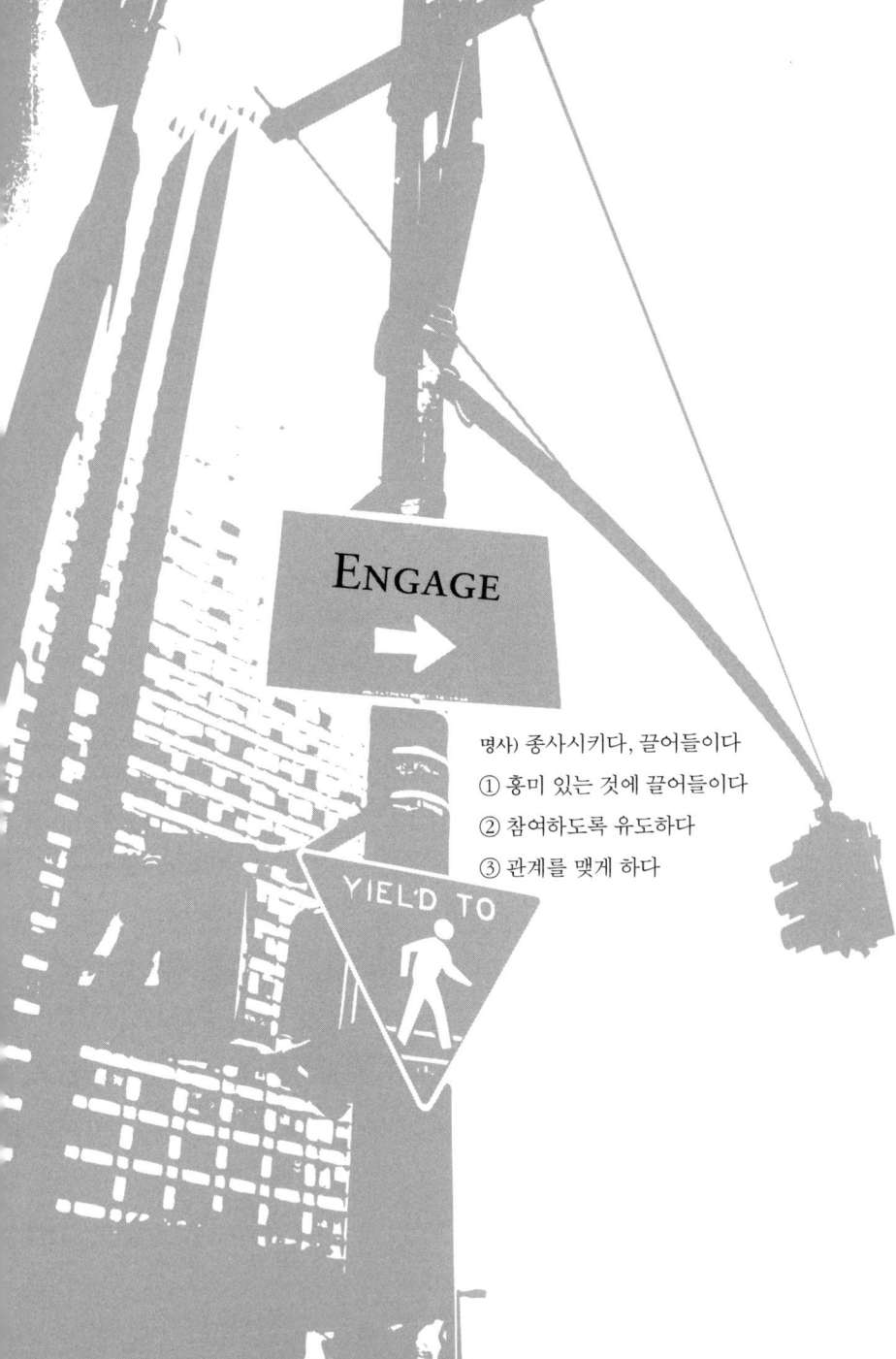

ENGAGE

→

명사) 종사시키다, 끌어들이다
① 흥미 있는 것에 끌어들이다
② 참여하도록 유도하다
③ 관계를 맺게 하다

YIEL'D TO

CONTENTS

그 누구도 모방할 수 없는 경쟁력,
열정

오늘날 고도로 경쟁적인 사회에서 모든 기업과 회사가 안고 있는 가장 뜨거운 화두는 무엇일까? 바로 '어떻게 하면 고객을 유지하기 위한 핵심적이고 지속적인 경쟁우위를 구축하느냐'다. 실제로 새로운 고객을 찾아서 우리 고객으로 만드는 데 드는 비용은 기존의 고객을 유지할 때 드는 비용보다 무려 다섯 배나 된다는 연구가 있다. 그래서 기존 고객

을 유지하는 방법은 모든 비즈니스의 기본 중 기본이라고
할 수 있다.

보기 좋은 제품 디자인, 최첨단의 기술, 빠르고 경제적인
유통망 등 전통적으로 비즈니스의 경쟁력으로 알려졌던 요
소들은 더 이상 대접받지 못하고 있다. 현대사회는 빠르다는
말로는 부족할 만큼 모든 흐름이 순식간이고, 국가를 넘나드
는 엄청난 네트워크로 연결돼 있기 때문이다. 그러므로 이제
까지 상품의 경쟁력을 좌우하던 마케팅 분야의 전통적 4P 요
소, 즉 Product(제품), Price(가격), Promotion(판매촉진),
Placement(유통)은 오늘날의 시장 환경에서 영향력이 더욱
줄어드는 것이 현실이다.

그렇다면 이제 어떻게 해야 우리만의 장점을 확보하여 시
장의 우위를 차지할 수 있을까? 다행히도 방법은 있다. 지금
까지의 4P 요소 이외에 다섯번째 마케팅 요소인 P, 즉
People(사람)이 점점 더 경쟁적인 요소로 자리잡아가고 있
는 것이다. 이런 연구가 있다. 고객들이 상품을 구매할 때
최종적인 의사결정의 약 70%를 차지하는 것은 고객을 상대
하는 담당직원과의 긍정적인 상호작용이라고 한다. 옷을 사

러 가서 나에게 잘 맞는 옷을 권해주고 친절하게 상대해주는 직원을 만났을 때 평소보다 더욱 쉽게 구매결정을 했던 경험이 있다면 알 수 있을 것이다. 또한 미국에서 발생하는 국내 총 생산량의 83%는 사람이 창조하고 또 사람에 의해서 전달되는 정보와 서비스가 차지하고 있다. 결론은 이것이다. **사람은 사람을 통해 상품을 구입하지, 회사를 통해 구입하지 않는다.** 그러므로 회사의 직원들과 그들을 통해 표현되는 고객에 대한 태도, 서비스야말로 비즈니스의 중추적인 경쟁력이자 강점이 된다.

자신의 일에 끊임없이 몰두하고 일에 대한 연대감과 애정을 느낄 때, 사람들은 '열정적인 업무수행(Passionate Performance)'을 할 수 있다. 직원들의 열정적인 업무수행은 금방 밖으로 표현되어 고객의 만족으로 이어지고, 궁극적으로는 회사의 가치를 창출한다. 혹시 최근에 상점이나 식당에 갔을 때, 자신의 일을 만족스러워하면서 고객인 당신에게 진심에서 우러난 서비스를 하는 사람을 본 적이 있는가? 미소가 가득한 얼굴, 친절한 태도 등 그런 사람들은 누가 봐도 한 눈에 알 수 있다. 그들은 그저 준비하고 교육받은 말을 똑같이 읊는 게 아니라 진심에서 우러난 말과 친절로 고객들을 대접한다. 그리고 남다른 노력과 사려 깊은 태도로 고객이 원하는 것이 정확히 무엇인지 헤아리고 만족시키려 한다. 그러면서 고객을 위해 서비스를 제공하는 본인도 아주 행복해 하는 것을 볼 수 있다.

당신이 이런 열정적인 직원을 만나 서비스를 제공받았을 때를 떠올려보라. 혹시 사전에 계획했던 것보다 더 많은 상품이나 서비스를 구매했는가? 다음에도 또 들러야겠다는 마음이 들었는가? 다른 사람들에게도 그 상품을 소개하고 추천해주었는가? 아마 이 세 가지 질문 중 적어도 한 가지 질문에는 'Yes'라고 대답할 것이다. 조직의 가치를 창출하는 가치사슬의 시작은 그렇게 열정적인 직원을 채용하는 것부터 시작되는 것이다.

어떤 사람들은 마치 타고난 성품처럼 자연스럽게 자신의 업무에 충실하고 열정적인 업무수행을 유지해나간다. 가장 효과적인 리더라면 모든 직원들이 이런 열정적인 능력을 발휘할 수 있도록 그들의 잠재력을 이끌어내는 방법을 학습해야 한다. 그들은 자신들의 사람들이 열정적으로 업무를 수행할 수 있도록 시간과 에너지, 그리고 자원들을 투자한다.

열정적으로 업무를 수행하는 사람들은 그렇지 못한 사람들보다 아래와 같은 특징을 지니고 있다.

- 조직에 더 오래 머물러 있고,
- 한 차원 더 높은 성과를 내며,
- 동료들이 업무를 더 잘 수행할 수 있도록 그들에게 긍정적인 영향을 미치며,
- 대외적으로 자신이 몸담고 있는 조직을 홍보하며,
- 타의 추종을 불허하는 수준의 고객서비스를 제공한다.

리더가 직원들의 잠재력을 끌어내 열정적인 업무수행을 할 수 있도록 만드는 방법을 찾아낸다면, 이는 조직의 가치를 증진시키는 아주 강력하고 자기 강화적인 선순환을 만들어내는 셈이 된다.

이 선순환은 독특하면서도 지속적인 경쟁우위를 창출한다. 당신의 경쟁자들은 시간과 자원만 충분하다면 당신의 제품, 유통망, 기술을 복제할 수 있을 것이다. 그러나 당신의 조직에 속한 직원들의 열정적인 업무수행력만큼은 그 어떤 경쟁자라 할지라도 쉽게 복제할 수 없다. 직원들이 갖고 있는 열정적인 업무수행력은 바로 당신을 다른 여타 경쟁자

들과 구별시켜주는 견고하고 확실한 방어막이 될 것이다.

이 책은 당신이 조직의 가치 창출을 위해 당신의 직원들이 자신의 업무를 열정적으로 수행할 수 있도록 그들의 머리(지성)와 가슴(감성)을 쏟아 붓게 만드는 실용적 전략을 제공한다. 이러한 전략들을 활용하면 당신의 조직은 귀중하면서도 강력한 경쟁우위를 창출할 수 있게 된다.

앞으로 소개할 아이디어들이 당신의 머리와 가슴을 자극하여 당신의 팀과 회사가 열정적인 업무수행을 할 수 있길 바란다. 머리(지성)와 가슴(감성)을 통한 열정적인 태도는 자신과 조직에 꼭 필요하고도 즐거운 가치를 만들어낼 수 있을 것이다.

이 책을 펼치고, 즐겁게 읽고, 승리하라!

"만약 당신이 고객을 최우선에 놓았다면, 그 다음에 당신은 직원들을 고객보다 더 최우선으로 놓아야 한다."
톰 피터스*Tom Peters*, 매니지먼트 컨설턴트, 작가

For success,

I will...

100%의 에너지,
열정적인 업무수행이란 무엇인가?

인간은 자신의 욕구가 충족될 때, 비로소 일에 몰입하고 최선의 능력을 발휘한다.

열정적인 업무수행이란?

열정적인 업무수행은 직원들이 완전히 몰입했을 때, 즉 자신들의 업무에 대해 강력하게 지속되는, 지적이며 감성적인 애착을 보여 줄 때 달성된다.

열정적인 업무수행이란 직원들이 조직과 자신의 일을 위해 100% 헌신할 때, 즉 자신의 업무에 대해 머리와 가슴을 모두 투여하여 강력하고 지속적인 에너지를 쏟아 부을 때 얻어지는 것이다.

사실 이 개념이 익숙하지 않다 해도, 리더는 직원들이 열정적으로 업무를 수행하는 때가 언제인지 알 수 있다. 그때는 리더 스스로 그 열정을 느낄 수 있고, 그러한 열정적 업무수행이 만들어내는 결과를 지켜볼 수 있기 때문이다. 그러한 팀은 더욱더 높은 성과를 내는 것에 대해 더 큰 즐거움을 맛보게 된다. 또한 직원들은 순식간에, 지속적으로 업무에 완전히 집중하게 되어, 단지 시키는 일만 하는 것이 아니라 더 높은 차원에서 자신과 조직의 발전을 위해 업무를 수행하고, 더 많은 일을 실행하고픈 동기를 얻는다. 열정적 업무수행을 하게 된 직원은 마치 어린 시절로 돌아간 듯한 기분을 느낀다. 놀이를 하든지 공부를 하든지 자신이 참여하는 그 순간에 완전히 몰두해서 즐기던 그때로 돌아가는 것이다. 그 순간 업무는 더 이상 '일'이 아니라, 즐길 수 있는 '놀이'가 된다.

당신은 업무가 즐겁다는 기분을 느껴본 적이 있는가? 그때를 기억하는가? 아마도 모든 것이 완벽하게 돌아가서 프로젝트가 성공적으로 끝났을 때 그런 기분을 느꼈을 것이다. 당신과 당신의 직원들 모두가 팀을 위해 저마다의 최선을 다하면서 시너지 효과를 냈을 때의 기분은 또 어떤가? 누가 시키지 않아도 스스로 자신의 재능과 능력을 십분 발휘하고, 그 결과 진정 뭔가 변화를 만들어냈을 때의 기분이 아직도 생생하지 않은가? 우리들 대부분은 그때의 특별한 기분을 기억하고 있다. 왜냐하면 그것은 정말 흔하지 않은 아주 특별한 경험이며, 우리 자신에게 싶은 인상을 남기기 때문이다.

물론 결과에 대해 희열을 느끼기까지는 일을 진행하기 위해 고된 일을 피할 수 없었을지도 모른다. 하지만 우리는 그때의 일을 즐거웠던 '놀이'로 기억한다. 우리의 머리와 가슴이 모두 그 일에 집중되었기 때문이다.

그렇다면 열정적인 업무수행이란 어떤 것일까? 직원들이 머리와 가슴을 모두 집중해 열정적으로 업무수행을 하고 있다는 것을 어떻게 알 수 있을까? 열정적인 업무수행이 가져다주는 결과인 '자유 재량적 노력'을 살펴보면 알 수 있다. 즉, 지시나 명령 없이도 직원 스스로 더 많은 노력을 더하는 것이다. 열정적으로 업무수행을 하는 사람은 리더와 조직을 위해 더 많은 것을 수행하려고 한다. 직원들이 자발적인 노력을 기울이고 있다는 것을 알 수 있는 때는 아래와 같다. 이를 통해 당신의 열정도 점검해볼 수 있을 것이다.

- 맡은 업무나 프로젝트를 완수하기 위해서 늦게까지 남아서 일한다.
- 다른 팀원들이나 타 부서 사람들에게 어떻게 하면 업무를 더 잘 수행할 수 있을지 조언을 구한다.
- 자신들의 행동이 타 부서의 업무나 고객에게 어떠한 영향을 미치고 있는지 알아본다.
- 자신들의 의사결정과 회사의 재무성과 간의 상관관계를 파악한다.
- 회사의 자원들을 자신의 것처럼 아끼며 다룬다.
- 업무 프로세스에서 개선점을 찾고 이를 실천한다.
- 자신들에게 맡겨진 업무를 뛰어 넘어서 적극적으로 개선 기회를 찾는다.
- 자기발전을 위해 자신의 시간을 활용한다.

당신은 열정적 업무수행을 보여주는 직원들의 사례가 극히 적을 것이라고 생각할 것이다. 그렇지만 그러한 사례들이 많을 필요는 없다. 당신이 매일 직원들이 열정적 업무수행을 하도록 방법을 학습할 수 있기 때문이다.

갤럽의 여론조사에 따르면 미국의 직장인들 중 오직 26%만이 완전히 몰입하여 업무를 수행한다고 한다.

한편 완전히 정반대의 태도를 가진 사람들, 즉 태만하고 불성실한 직원들은 전체의 19%로, 그들은 고의적으로 회사에 부정적인 영향을 미치는 행동을 일삼는다. 그리고 이렇게 태만하고 불성실한 직원 때문에 드는 비용은 국가적으로 연간 3천억 달러에 이른다.

참고…2001년 3월, 갤럽 매니지먼트 저널*Gallup Management Journal*

집중을 위한 도전

앞서 제시된 여론조사의 결과가 가리키듯이, 많은 직원들이 일에 효과적으로 집중하지 않고 있다. 몸은 비록 회사에 있을지언정 머리(지성)와 가슴(감성)을 자신의 업무를 위해 쏟아 붓지 않기 때문이다. 이 연구결과는 일에 완전히 몰입한다는 26%를 제외한 74%의 직원들은 자신의 일에 별다른 관심을 가지고 있지 않거나 부정적으로 태만하다는 의미다.

당신이 식당에 갔을 때, 물건을 사러 갔을 때, 업무를 위해 다른 회사에 연락했을 때의 경험을 떠올려보라. 분명 당신에게 더 나은 서비스를 제공할 수 있었는데도 무성의한 태도로 질 나쁜 서비스를 제공하던 직원을 만난 적이 있는가? 불행하게도, 그런 일을 기억하기 위해서 그리 먼 과거까지 거슬러 올라갈 필요도 없을 것이다. 바로 지난주에도 인사말이나 미소도 없이 기계적으로 손님의 시중을 드는 웨이터나, 더 많은 정보를 줄 수 있는데도 바쁘다는 핑계로 전화를 끊는 협력업체의 직원 등 다양한 사람들을 만났을 것이다.

스스로에게 물어보라. 열정을 다하지 않는 직원이 현재 우리 회사에도 있지 않은가? 그들이 문제가 되지는 않는가? 위에서 시키는 일만 하고 그 이상 알아서 하는 직원들이 대부분인 건 아닌가? 당신은 눈에 띄게 겉도는 직원의 경우, 성실한 직원보다 1년 평균 3.5일 이상의 근무일을 그냥 흘려보낸다는 사실을 알고 있는가? 직원들이 자신의 업무에 열정적이지 않고 태만한 경우 다음과 같은 결과가 초래된다.

▲ 이직률 증가

- 일정 연기
- 저조한 사기
- 높은 탈진율
- 자만심
- 타인에 대한 비난
- 책임감 결여

위에 예시한 것 중 어느 한 가지라도 당신의 조직에서 흔히 볼 수 있는가? 만약 그렇다면 그것은 직원들의 열정에 적신호가 들어왔다는 증거다. 그들의 열정을 끌어올리기 위해 특별한 처방이 필요한 것이다.

그런 직원들은 끝까지 회사에 적응하지 못하고 결국 사표를 내고 만다. 그러나 더 나쁜 소식은 남아 있는 사람들은 그저 시간만 때우고 비생산적인 직원이 된다는 점이다. 차라리 회사를 떠나는 직원들은 회사나 팀에 더 이상 영향을 미치지 않는다. 그러나 남아 있는 직원 중 태만한 그들은 당신의 팀과 고객에게 해로운 독을 퍼트리는 암적인 존재가 될 것이다.

이런 암세포 같은 직원들이 조직에 있다는 생각만 해도

리더는 등골이 서늘해질 것이다. 하지만 무조건 걱정하고 그들을 오해할 필요는 없다! **업무에 대한 의욕상실은 단순히 욕구가 충족되지 못했기 때문에 생기는 결과다.** 그런데 그 충족 조건은 거창한 게 아니다. 그것은 아주 기본적이고 인간적인 욕구다. 리더들이 쉽게 잊기 쉬운, 또는 선택하지 않는, 혹은 어떻게 채워주어야 하는지 알지 못하는 기본적인 욕구인 것이다.

하나 더 희망적인 소식이 있다. 직원을 열정적으로 만드는 데는 동전 한 푼도 들지 않는다는 점이다. 그리고 열정적인 팀을 만들기 위해 필요한 전략 역시 아주 간단하다. 더 기쁜 소식은 당신이 그러한 해답들과 방법들을 실질적으로는 곧장 입수할 수 있다는 것이다. 그럼, 이러한 집중을 위한 도전을 위해 당신이 할 수 있는 것들을 살펴보도록 하자.

머리와 가슴을 업무에 집중시켜라

현대 경영학의 아버지라고 불리는 피터 드러커 *Peter Drucker*는 한때 리더들에게 이렇게 충고한 적이 있다. "리더라면 직원들 대부분을 자원봉사를 하러 온 사람처럼 생각하고 대접하라." '자원봉사자 같은 직원' 이라는 개념은 리더들에게 아주 유용한 개념을 상기시켜준다. 그 개념이란 직원들에게 끊임없이 열정을 불어넣고 동기를 부여해줘야 한다는 것이다. 자원봉사를 하러 가면, 누가 시키지 않아도 자신의 능력을 다해 상대방에게 유용한 일들을 해주고픈 마음이 들지 않는가?

완벽하게 자신의 일에 몰입한 직원만이 자발적인 노력을 기울여서 열정적으로 업무수행을 할 수 있다. 오늘날 '자원봉사자 직원'의 시대에 리더들은 직원들이 자발적으로 열정적인 노력을 발휘할 수 있도록 이끌어야 한다. 그렇다고 해서 억지로 쥐어짜듯이 그들을 독촉하라는 이야기는 아니다. 여기에는 몇 가지 간단한 전략이 있다. 특히 당신이 리더라면 직원들이 열정적으로 업무를 실행하도록 만드는 데 유용할 것이다.

집중을 위한 해결책은 인간의 기본 욕구가 충족되는 곳인 직원들의 머리(지성)와 가슴(감성)에서 발견된다. 이것은 '나의 욕구가 충족될 때, 나는 업무에 열정을 쏟고 최선의 능력을 발휘해 업무를 수행한다'라는 간단하면서도 강력한 공식이다. 사람들은 자신의 욕구가 충족되었을 때, 자신의 욕구를 충족시켜준 사람들을 도와주려는 마음이 생긴다. 그러나 기본적인 욕구가 충족되지 않을 때는 좌절하고, 스스로 통제력을 잃으며, 집중력도 떨어져 일을 해도 겉돌게 된다. 한

마디로 열정이 없는 태만한 상태가 되는 것이다.

　우리는 모두 인간으로서 기본적인 욕구를 가지고 있다. 그리고 그 욕구는 아무리 바깥세상이 폭풍에 휘몰아쳐도 태풍의 눈처럼 흔들리지 않고 도도하게 자리 잡고 있다. 세월이 흐르고 우리가 사는 세상도 역시 변했지만, 인간은 여전히 인간일 뿐이고 쉽게 바뀌지 않는다. 그러나 오늘날 대부분의 회사를 보면, 여전히 직원들이 가진 기본적인 욕구가 충족되지 않음을 알 수 있다. 리더인 당신이 할 일은 바로 직원들의 기본 욕구를 충족시켜주는 것이다.

　직원들의 기본적인 욕구를 충족시켜 주기 위해, 리더는 먼저 그들을 자세히 관찰하고 그들의 욕구가 무엇인지 이해해야 한다. 기본적인 욕구사항이 무엇인지를 보기 위해서는 먼저 직원을 그저 일만 하는 노동자가 아니라, 인격적인 인간으로 바라보아야 한다. 만약 리더가 직원을 하나의 인격체로 보기 시작하면 그들이 갖고 있는 6가지 기본 욕구가 무엇인지 발견할 수 있을 것이다. 6가지 기본적 욕구는 지적 욕구 3가지, 감성적 욕구 3가지로 구성되어 있다.

지적 욕구	감성적 욕구
성취감	목적의식
자율성	친밀감
숙련도	평가와 인정

　이와 같은 인간의 기본적인 6가지 욕구는 상호의존적이다. 말하자면, 직원의 머리를 회사로 끌어당기기 위해서 리더는 3가지 지적인 욕구인 성취감, 자율성, 숙련도 모두를 충족시켜줘야 한다. 감성적인 욕구 역시 마찬가지다. 그래서 직원들에게서 열정적인 업무수행을 끌어내는 일은 머리(지성)와 가슴(감성)이라는 두 마리 토끼를 한꺼번에 잡으려는 노력과 같다고 할 수 있다. 이성과 감성적인 욕구가 다 만족되어야만 열정을 발휘할 수 있기 때문이다. 그러므로 성공적인 리더는 자신과 함께 일하는 직원이 지성과 감성의 측면 모두를 집중할 수 있도록 도와줘야 한다.

　열정적 업무수행에는 머리와 가슴이 함께 움직인다. **집중된 지성**은 직원의 업무수행의 초석이고, **뜨거운 가슴**은 그들의 **열정의 초석**이다. 열정이 없는 업무수행은 희생이나 추가적

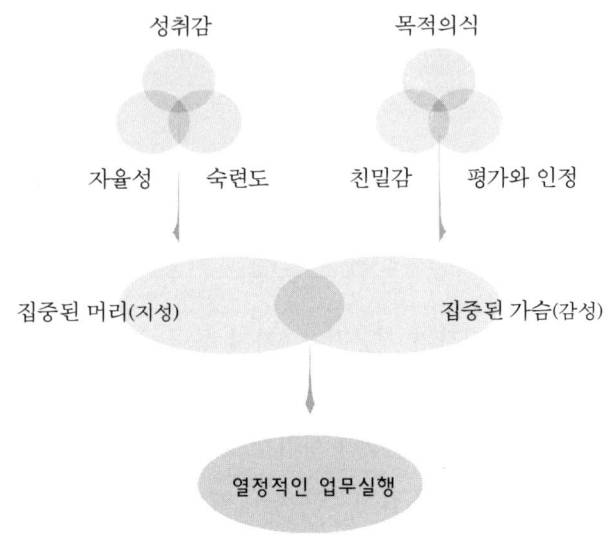

성취감   목적의식

자율성   숙련도   친밀감   평가와 인정

집중된 머리(지성)   집중된 가슴(감성)

열정적인 업무실행

인 귀중한 노력 혹은 여느 때와는 다른 창조적인 해결책이 요구되는 어려움의 시기나 도전에 직면했을 때에는 비틀거리게 된다. 반대로 업무수행이 없는 열정은 분산되고 결과적으로 초점을 잃은 노력들만 남게 된다.

위대한 기업이라고 불리는 조직을 자세히 살펴보라. 그들에게는 분명 공통점이 있다. 그러한 기업들에는 직원들의 몸만이 아닌 머리와 가슴을 집중하여 자신들의 팀으로부터 열정적 업무수행을 이끌어내는 리더들이 있다. 예를 들어 세계 최대의 전자 부품 업체인 미국의 애질런트 테크놀로지 *Agilent Technology* 사를 보자. 애질런트 사는 사업의 규모뿐만 아니라 직원들의 가치실현과 복지증진을 위해 노력하는 곳으로 유명하다. 미국 경제지 〈포춘*Fortune*〉이 선정한 '미국에서 가장 일하기 좋은 100대 기업'과 '가장 존경받는 기업' 상위에 뽑힐 정도로 인정을 받는 회사다. 모든 조직의 리더들이 직원들을 업무에 몰입시키고 지적으로 감성적으로 자신들의 업무에 강력한 애착을 가지도록 많은 노력을 기울였다. 그러나 경기가 불황기로 접어들자, 애질런트 사는 하는 수 없이 8천 명이 넘는 직원을 정리해고 해야 했다. 그런데 놀라운 것은, 해고가 결정된 상당수의 직원들은 근무하는 마지막 날까지 모든 프로세스가 제대로 작동되도록 밤 10시까지 야근을 마다하지 않고 일을 했다는 점이다. 지금까지 애질런트 사가 직원들이 머리와 가슴을 다하여 업무에 집중하도록 노력한 결과였다. 바로 이것이 열정적인 업무수행의 사례다. 직원들의 열정적인 업무수행은 당신의 회사가 힘들고 어두운 터널을 지나야 할 때, 쉽게 꺼지지 않는 환한 빛이 되어준다.

그렇다면 리더가 매일 매일 직원들에게서 열정적인 업무 수행을 이끌어내려면 어떻게 해야 할까? 그 해답은 바로 직원들이 갖는 인간적인 욕구를 충족시키기 위한 몇 가지 단계를 따르는 것이다. 이 책에서는 앞으로 직원들의 요구사항이 무엇인지 그들의 속마음을 살펴보고 각각의 욕구를 충족시키는 데 사용할 수 있는 실용적인 전략들을 소개할 것이다. 직원들의 머리와 가슴을 업무에 집중시키는 전략은 간단하지만, 솔직하히 거기에는 많은 노력이 수반된다. 그러나 그 결과는 리더가 쏟아 부은 노력을 보상하고도 남을 정도로 보람찰 것이다. 직원들의 요구사항을 충족시키는 일은 곧 그들이 열정적으로 업무를 실행하도록 기초를 닦는 일과 같다. 리더가 직원들의 기본적인 욕구가 무엇인지 파악하여 그것을 충족시킬 때, 그들은 기꺼이 조직을 위해 강점을 창출하고 경쟁력을 키워줄 것이다. 그 효과는 장담할 수 있다!

최근에 가장 새롭게 발견된 경쟁우위는 가장 오래 전에 발견된 것으로, 그것은 바로 직원들의 머리(지성)와 가슴(감성)이다.

"나는 항상 가장 위대한 자산은 나의 신체적 능력이 아니라, 바로 나의 정신적 능력이었다는 것을 항상 느꼈다."

브루스 제너 *Bruce Jenner*, 올림픽 10종 경기 금메달리스트

F o r   s u c c e s s ,

I   w i l l ...

머리를 끌어들여
업무의 기초를 높여라

정신도 꾸준히 운동을 하지 않으면 나약해진다.

그렇다면 정신이 할 수 있는 운동은 무엇일까? 바로 이성을 집중시키는 일이다.

많은 리더들은 직원들이 자신의 업무에 모든 머리(지성)를 집중하여 활용하도록 하는 것을 당연하게 여긴다. 머리(지성)는 사람의 지적인 측면으로 이성, 논리, 그리고 인과관계에 기반한다. 이는 대부분의 리더십 훈련과 교육의 핵심으로, 리더십의 과학을 요구한다. 업무에 머리를 쓰게 만드는 것은 직원들이 성과를 창출할 수 있도록 기초를 닦는 초석의 역할을 하기 때문이다.

직원들이 업무에 머리를 쓰도록 함으로써 그들의 성과를 높이는 것은 리더십의 기본에 속한다. 그러나 안타깝게도 리더들은 그러한 기본들을 종종 간과한다. 심지어는 최고의 프로선수조차 경기 중에 기본 기술에서 실수를 한다. 최고의 미식축구 선수도 한 순간 공에서 눈이 떨어져 결정적인 득점의 순간을 놓치기도 한다. 올림픽 스키선수가 슬로프에서 넘어져 눈 속으로 처박히는 일도 있으며, 세계 최고의 골프선수라도 스윙을 하며 체중을 옮기는 순간 조그만 실수로 샷을 실패하기도 한다.

리더로서 기본을 잊는 일은 막상 너무도 흔하게 일어나서 놀랄 것도 없을 정도다. 리더들이 치루는 비즈니스 '스포츠'

의 기본은 바로 직원들의 3가지 지적 욕구를 충족시켜주는
일이다.

1. 성취감
2. 자율성
3. 숙련도

> "돈이 아니라 사고력이야말로 진정한 비즈니스의 자산이
> 된다."
> …하비 S. 파이어스톤*Harbey S. Firestone, Firestone Tire &*
> *Rubber Company*의 창업자

리더가 그러한 욕구들을 충족시켰을 때, 리더는 자신의
팀을 위해 개선을 통한 성장으로, 그리고 높은 성과달성으
로 이어지는 자기 강화적인 순환고리를 만들어낸다. 인간의
정신은 근육과도 같다. 우리가 몸을 키우고 근육을 강하게
하기 위해 반복적으로 운동하는 것처럼, 머리도 근육처럼
쓸수록 강화된다. 또한 머리는 쓰지 않으면 금세 나약해진
다. 머리를 쓰는 것은 정신적 운동의 형태로 직원들의 업무
수행 역량을 강화시킨다. 직원들이 업무를 할 때 충분히 머
리(지성)를 쓰도록 만든다면 그들의 업무수행 성과가 크게

향상되는 것을 목격하게 될 것이다.

  이제 인간으로서 우리의 머리(지성)가 필요로 하는 3가지를 더욱 자세하게 살펴보고, 이를 충족시키기 위해서 당신이 어떤 일을 할 수 있을지 생각해보자.

성 취 감

　현대사회에서 가장 눈에 띄게 중요시되는 욕구 중 하나는 성취감일 것이다. 현대의 다양한 분야, 예를 들어 운동, 음악, 정치, 미디어, 비즈니스 세계에서 목표에 대한 성취 욕구는 개개인의 실행력에 주된 원동력이 되고 있다. 사람이라면 모두 무엇인가를 성취하고 정복하고 싶은 욕구를 가지고 있다. 우리는 저마다의 영역에서 성공하길 원한다.

그러나 자신이 원하는 대로 일이 풀리지 않아 성취 욕구가 채워지지 않으면 좌절, 실망, 자기비하와 같은 비생산적인 결과가 나타난다. 리더라면 직원들이 이런 기분에 빠져 허덕이는 걸 원치 않을 것이다. 또한 이런 상태가 생산성의 저하로 이어지는 것은 더더욱 원치 않을 것이다. 리더는 직원들의 성취 욕구를 채워주기 위해서 아주 간단한 2가지 전략을 사용할 수 있다. 장애물을 치우고, 확실하고 뚜렷한 목표를 세우는 일이다!

성취 욕구를 충족시키기 위해서 할 수 있는 첫번째 전략인 **성취의 장애물을 제거하는 것**은 직원들이 업무를 하는 데 **머리를 쓰도록 만드는 가장 강력한 방법** 중 하나다. 직원들은 그들 자신을 위해, 또 팀을 위해, 리더를 위해 결과를 만들어내고 싶어 한다. 실제 자신이 원하는 뭔가를 성취하고픈 인간의 욕구는 아주 강해서, 리더가 도와줄 일이라곤 그저 그 사람을 방해하지 않도록 길에서 한 발짝 비켜나주면 되는 경우가 많다. 다시 말해, 직원들이 더 쉽게 성공에 도달할 수 있도록 하라는 것이다. 물론 이런 방법은 리더의 기준을 낮추라는 의미가 결코 아니다. 직원들이 좀더 수월하게 성공할 수 있도록 하라는 것은 그들이 업무를 하는 데 방해가 되는 장애물을 제거해서 직원들로 하여금 그들의 성취 욕구를 충족시킬 수 있도록 도우라는 말이다. 직원들의 성공가도에 장애물이 되는 것 중 리더가 통제할 수 있는 것들은 여러 가지가 있을 것이다. 예를 들어 업무를 하는 데 불충분한 자료, 장비 또는 도구, 목표를 성취하기 위해 필요한 권한의 부족, 느리고 불확실한 의사결정 프로세스, 정확히 파악할 수 없는 불분명한 목표 등이 있다. 이런 장애물들은 직원들의 성취 욕구를 채워주기는커녕 그 의지조차 사그라들게 만든다. 아무리 성취욕이 높은 사람이라도 환경이 받쳐주지 않으면 금세 지치기 마련이다.

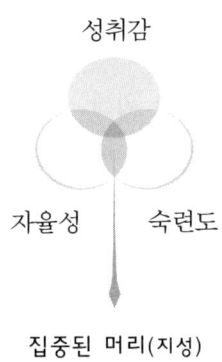

그렇다면 리더는 직원들의 성취 욕구에 장애가 되는 요소

들을 제거하기 위해 무엇을 할 수 있을까? 이때 리더가 취할 수 있는 몇 가지 행동을 소개하겠다. 또한 직원들의 성취 욕구가 충족되었을 때 그들의 만족 정도를 말해주는 전형적인 반응도 참고해보라. 물론 이런 직접적인 표현을 하지 않더라도, 직원들은 어떤 식으로든 성취 욕구가 충족되었다는 것을 표현할 것이다. 그리고 그들은 머리(지성)를 집중하여 업무를 하고 있다는 단서를 보여줄 것이다.

- ▶ 자원 제공자가 되라. 직원들이 자신들의 목표를 달성할 수 있도록 필요한 물자, 장비, 자원들을 제공하라.
- → 직원들의 반응 : "이제 실질적으로 중요한 것, 즉 업무수행에 집중할 수 있게 되었습니다.
- ▶ 권한에 책임감을 연계시켜라. 직원들이 자신들이 앞으로 책임질 성과달성에 필요한 권한을 부여하라.
- → 직원들의 반응 : "비로소 제 업무를 스스로 결정하고 관리할 수 있게 됐습니다."
- ◀ 단호하라. 입수 가능한 최고의 정보들과 당신의 직관을 사용하여 직원들에게 명확하고 시의 적절한 의사결정을 내려주어라. 그러나 가시적인 데이터에만 매달리는 분석 마비증은 성취의 적이다.

→ 직원들의 반응 : "나는 나를 제외한 어느 누구도 기다리지 않기 때문에, 계속 앞으로 전진하지 않으면 안 됩니다. 나는 전심전력을 다해 계속 전진합니다."

직원들의 성취 욕구를 충족시키는 데 필요한 두번째 전략은 **확실하고 뚜렷한 목표를 설정해 직원들이 그 목표에 집중하도록 하는 것**이다. 집중의 중요성을 효과적으로 설명해주는 예가 있다. 태양빛과 레이저 광선를 비교해보자. 태양은 우리에게 있어 강력한 에너지 원천이다. 태양은 지구와 무려 1억 5천만 킬로미터나 떨어져 있는데도 매시간 수십억 킬로와트라는 엄청난 양의 에너지를 지구에 쏟아 붓는다. 그러나 최소한의 방어장치라 할 수 있는 모자나 자외선 차단제를 사용하면 몇 시간 동안 태양광선이 주는 부정적인 효과를 막을 수 있다.

그러나 레이저 광선은 어떤가? 레이저 광선을 위해서는 아주 적은 양의 에너지 원천을 필요로 하지만, 그 에너지를 응집력 있게 한 곳에 모으면 강력한 열과 에너지를 만들어낸다. 레이저 광선을 이용하면 다이아몬드를 절단할 수 있고, 암세포도 죽일 수도 있다. 집중된 에너지가 얼마나 큰 힘을 가지는지 좋은 본보기라 할 수 있다.

이 예는 당신과 당신의 직원들에게도 똑같이 적용된다. 목표가 선명하면 적은 양의 에너지로도 눈부시게 성공적인 결과를 얻을 수 있다. 왜냐하면 직원들은 레이저 광선처럼 집중되고 응집된 힘을 발휘하기 때문이다. 목표가 선명하고 집중해야 할 대상이 확실하면 팀의 성공을 위해 가장 우선순위의 일에만 시간과 에너지를 집중시키기 때문에 성취가 더 수월해진다.

> "당신이 목표를 달성함으로써 얻는 결과보다는 그 목표를 성취하는 과정에서 당신이 새로운 사람으로 변하는 것이 더욱 중요하다."
> …지그 지글러*Zig Zigler*, 《정상에서 만납시다》의 저자

만약 확실하고 뚜렷한 목표가 그렇게 중요하고 강력한 것이라면, 왜 그렇게 많은 리더들이 뚜렷한 목표를 설정하지 못하고 직원들의 노력을 한 곳에 집중시키지 못하는 걸까? 왜 리더들은 아직도 직원들의 산만함을 고민해야 하는 걸까? 그 이유는 요즘의 비즈니스 환경에 있다. 현재의 비즈니스 환경은 변화무쌍하고 너무나 많은 정보가 발생하고 있다. 하루에 쏟아지는 뉴스만 해도 수를 헤아릴 수 없을 정도

다. 그 결과 여러 가지 유혹거리가 난무하게 되고, 직원들과 리더는 한 가지 목표에 집중하기 어렵도록 방해를 받는다. 불필요하지만 쉽게 끊을 수 없는 유혹들은 사람의 시간과 에너지를 소비하게 만들고, 결국엔 직원들이 목표를 성취하기 위해 투입해야 할 노력을 단기간에 소모시켜 버린다. 그러므로 리더는 쉽게 이해할 수 있는 확실한 목표를 세워 직원들이 불필요한 유혹에 현혹되지 않도록 강력한 선도자 역할을 해야 한다.

나는 최근에 '변화의 폭풍이 거세게 몰아칠 때에는, 아주 작은 물체라도 엄청난 위력의 결정타가 된다'라는 포스터의 문구를 읽은 적이 있다. 그러므로 시간을 투자하여 직원들의 목표를 정의하고 지속적으로 강화하도록 하여, 변화의 폭풍 속에서도 직원들이 자신들의 목표를 선명하게 볼 수 있도록 함으로써 그 목표가 달성되도록 지원하라!

직원들이 성취감을 맛보도록 지원하는 조치를 취할 때, 당신은 직원들이 자신의 업무에 머리(지성)를 써서 성과를 향상시킬 수 있다.

열정적인 조직을 만드는 당신의 전략

직원들의 성취 욕구를 충족시키기 위한 핵심 전략

◆ 성취 장애물을 제거하라.
◆ 선명하고 확실한 목표를 설정하여 직원들이 그 목표를 언
  제 달성할 수 있을지 알게 하라.

직원들의 성취 욕구를 충족시켜주기 위해 당신이 취할 수 있
는 한 가지 행동은 무엇인가?

자 율 성

성취감이 직원들의 업무상 '결과'에 초점을 맞춘 것이라면, 자율권은 그 일을 실행하는 '과정'에 초점을 맞춘 것이라고 할 수 있다. 직원들의 사기를 북돋워주는 리더들은 팀에게 권한, 즉 자율권을 주어 직원 스스로가 업무를 수행하기 위한 최선의 방법을 알아내고 스스로 결정하도록 맡긴다. 그들은 직원들이 업무 프로세스에 대해 자율적인 주도권을 갖고 결과를 창출해내고 싶어 한다는 것을 알기 때문이다.

이러한 욕구를 충족시키는 첫번째 전략은 업무 프로세스를 정의하고 개선하는 일에 직원들을 참여시키는 것이다. 명확하게 정의된 프로세스는 효율적 업무수행에 가장 결정적인 역할을 하는 요소다. 심지어는 가장 일상적이고 반복적인 업무에서도 직원들이 개선방법을 제시하게 만들 수 있다. 직원들에게 적절한 수준의 자율성만 준다면, 리더는 직원들이 자신들의 업무에 적극적으로 머리를 쓰는 것을 보게 된다. 리더에게는 그야말로 이득이 아닌가?

사람들은 자신들이 만들어낸 것을 지지한다. 직원들이 프로세스를 지지할 때, 그들은 더욱 더 자율적인 노력을 기울이게 된다.

그러나 리더의 입장에서 볼 때, 직원들에게 업무에 대한 통제권을 넘겨주는 일은 결코 수월한 일이 아니다. 직원들에게 자율권을 주는 일은 신뢰가 바탕이 되어야 가능한 일이기 때문이다.

그럼에도 불구하고 자율권은 일반적으로 '상사가 하라고 명령한 방식에 따라 업무를 수행한다' 는 것보다 훨씬 더 중요하다. 그렇다면 자율권을 주지 않았을 경우의 위험은 무엇인가? 정답은 직원들이 '로봇'이 된다는 것이다. 직원들은 당신에게 팔과 다리만을 제공하고, 자신들의 머리와 가슴을 제공하지 않게 된다.

성취감

자율성　　숙련도

집중된 머리(지성)

자동차 생산 기업 도요타 *Toyota* 는 직원들을 업무 프로세스 개선에 참여시키고 자율권을 주는 등 직원들의 욕구를 충족시켜준 훌륭한 사례다. 도요타의 직원들은 그들 스스로가 실행할 수 있거나 아니면 팀 동료와 함께 실행할 수 있는 아이디어를 매달 2가지씩 제안하도록 되어 있다. 다시 말해 직원들이 스스로 통제할 수 있는 부분을 보완해가는 것이다. 그 결과 도요타의 직원들은 매년 3백만 개가 넘는 업무

개선 아이디어를 쏟아낸다고 한다. 이보다 더 놀라운 것은, 이 아이디어의 약 80%가 실제로 현장에 반영되고 있다는 점이다.

비록 도요타의 자동차 생산 프로세스는 자동화되어 있어서 직원들 대부분은 반복적인 생산업무에서 벗어날 수 없지만, 직원들 스스로가 자신의 업무 프로세스에 자율권을 가지고 있다는 강력하고 긍정적인 메시지를 줄 수 있었다. 만약 당신의 회사에서 이런 식의 자율권을 부여한다면 과연 어떤 결과가 나타날 것인지 생각해보라.

자율성에 대한 욕구를 충족시키는 두번째 전략은 확실한 경계를 정하는 것이다. GE사의 CEO 제프 이멜트*Jeff Immelt*는 과거 부사장이었지만 잭 웰치*Jack Welch*에게 최고 경영자의 자리를 물려받았다. 그의 리더십 비결 가운데 하나는 '경계를 정하고, 그 안에서는 자유롭게 행동하게 하라'로, 그 의미는 바로 직원들에게 자율성을 주라는 것이다. 또한 그는 이렇게 말한다. "경계는 헌신, 열정, 신뢰와 팀워크로, 그러한 경계 안에서는 비로소 자유를 만끽할 수 있다."

당신의 팀을 위해 적절한 경계를 설정하라. 당신의 조직이 추구하는 가치에 따라 그러한 경계는 달라진다. 예를 들어, 팀워크, 혁신, 상호신뢰, 고객우선, 자유로운 의사소통, 사실에 기반한 의사결정 등 조직이 중요시하는 가치에 따라 업무의 경계선이 분명해질 수 있다. 경계가 정해지면 당신은 직원들이 활동할 수 있는 이른바 '경기장'을 정의할 수 있고, 그 경기장 안에서 직원들은 자신들의 기량과 창의성을 마음껏 발휘하여 업무를 수행할 수 있게 된다.

> "만약 사람들 주변에 울타리를 친다면, 당신은 순한 양들을 얻을 것이다."
> …윌리엄 맥나이트William Acknight, 3M 사의 전 CEO

만약 리더가 직원들에게 자율권을 주면, 그들은 자신의 일에 대해 자신감과 자긍심을 갖게 된다. 그리고 다음과 같은 개선점을 찾아낸다.

▶ 리더가 볼 수 없는 업무상 개선점이 무엇인지를 찾아낸다. 왜냐하면 직원들이야말로 일과 고객에게 더 가까이

있기 때문이다.

▲자신의 특별한 시간과 노력을 기울여 자신들의 업무 프로세스를 점검하고 측정한다. 마치 회사의 경영자처럼 직원들도 자신의 업무 프로세스에 대해서 주인의식을 가지고 고민한다.

▼자신의 업무성과의 질과 양을 점검하고 향상시키려고 노력한다. 직원들이 자율권을 가지면 자신과 팀의 업무에 대해서 책임감을 갖는다.

▲자신의 업무가 전체 팀의 목표와 연관된다는 것을 분명하게 인지한다. 진정 자신의 업무 프로세스에 주인의식을 가진 직원이라면 스스로에게 이렇게 물을 것이다. "이 프로세스는 우리 팀과 우리 고객에게 어떤 영향을 미칠 것인가?"

직원이 자신들의 업무 프로세스를 개선시키도록 참여시키고 명확한 경계를 설정하라. 그들은 머리를 써서 적극적으로 업무를 수행하게 될 것이고, 당신의 팀은 열정적인 업무수행의 길로 나아가게 된다.

열정적인 조직을 만드는 당신의 전략

직원들의 자율성 욕구를 충족시키기 위한 핵심 전략들

◆ 업무 프로세스를 개선시킬 때, 직원들이 참여할 수 있도록
하라.
◆ 업무수행에 대해 광범위하면서도 명확한 경계를 설정하고,
직원들이 자신들의 목표 달성을 위한 최선의 방법을 그들
스스로 결정하도록 하라.

이런 요구사항을 충족시키기 위해 당신이 취할 수 있는 한 가
지 행동은 무엇인가?

숙련도

사람들이 가지고 있는 가장 강력한 지적 동인(動因) 중 하나는 무엇을 잘하는 것, 바로 무엇인가에 통달하는 것이다. 우리는 태어날 때부터 이런 욕구를 가진다. 이제 막 걸음마를 배우는 아기를 생각해보라. 수없이 넘어지고 비틀거리고 다치고 멍들어도 제대로 걷고자 하는 아기의 욕구는 아주 강해서, 결국 걷는 것을 완벽히 숙지할 때까지 시도하고 또

시도한다. 어른의 경우도 마찬가지다. 일터에서 숙련도는 주어진 직책 수행에서의 유능함과 직결된다. 어떤 단순한 역할이라도 거기에는 다양한 지식과 기량이 요구된다. 예를 들면, 어떤 직무에는 당신이 속한 산업의 공급사슬에 대한 지식, 경쟁자에 대응하는 가격 전략, 재무 성과지표, 프로젝트 관리 기술, 협상, 그리고 문서를 통한 의사소통까지 두루 꿰고 있어야 하는 경우가 많다.

보통의 사람들이 일생동안 평균 500~700가지의 기술과 능력을 가진다는 사실을 아는가? 능력 있는 리더라면 직원들이 업무상 필요한 특정한 기술을 개발하고 숙련할 수 있도록 돕는다. 만약 직원들이 자신의 업무에 대한 기술이 향상되었다고 느끼면 그들의 업무수행 능력 역시 눈에 띄게 향상될 것이다. 직원들의 숙련도에 대한 욕구를 충족시키기 위한 2가지 전략은 '적합성'과 '학습'이다.

숙련도에 대한 욕구를 충족시키는 2가지 핵심 전략은 적합성과 학습이다. 직원 개인의 선천적 능력, 관심, 직무 요구사항 간의 효과적인 적합성을 발견하는 것은 숙련도에 대한 욕구를 충족시키는 핵심이다. 토지를 개발하는 사람이 투자비용에 대한 최대의 이익을 얻기 위해 '최상의 용도'를 찾는 것처럼, 직원들의 머리(지성)와 가슴(감성)을 활용하게 만드는 리더들은 자신들을 인력 계발자로 생각한다. 그들은 사려 깊게 직원 개인과 직무를 연계시킴으로써 직원들을 능력을 최고·최선으로 활용하기 위해 적극적으로 방안을 모색한다. 이러한 연계 과정은 향후 숙련도 욕구가 잘 충족될 수 있을지를 보여주는 최고이자 유일한 선행지표다. 리더가 만약에 직원과 업무를 잘 연계시키지 못한다면, 직원들의 업무숙련 과정을 도와주는 것이 아니라 오히려 그들 앞에 방해물을 쌓아놓는 꼴이 되고 만다.

성취감

자율성   숙련도

집중된 머리(지성)

오늘날처럼 민첩하면서도 효율성에 역점을 두는 조직들은 항상 직원과 업무 간의 효과적인 적합성을 확보하는 것에 어려움을 느낀다. 실상은 이렇다. 요즘에는 대부분의 회사가 더 적은 인력으로 더 많은 업무를 수행하고 있기 때문에, 예전에 다른 동료가 하던 일을 남은 직원들이 떠맡아서 하는 경우가 일반적이다. 그러므로 만약 인력감축을 신중하게 하지 않으면, 남아 있는 직원들은 마지못해 '남겨진 일'을 처리하느라 그저 시간과 에너지만 소비하게 될 것이다. 당연히 그들은 남겨진 일에 헌신하고 싶은 마음도 들지 않을 것이다. 그렇게 되면 이제 개인의 재능이 '최악의 용도'로 사용되는 악순환이 시작된다. 그 결과는 사람과 직무 간의 빈약한 연계로서, 종종 자신감 상실, 걱정과 좌절이라는 하향 곡선을 만들어낸다. 만약 당신이 그러한 경험을 한 적이 있었다면 당신은 숙련도는커녕 더욱 큰 비참함을 느꼈을 것이다.

이러한 '최저, 최악의 활용'이라는 악순환과 그 결과로 업무수행과 성과가 하향곡선을 그리는 것을 예방하려면, 리더는 팀의 업무를 신중하게 설계해야만 한다. 팀 업무설계 시 다음 사항을 고려하는 것이 좋다.

▾ 비슷한 능력과 기술을 필요로 하는 직무를 묶어라. 그러면 리더는 사람의 기량과 직무에 요구되는 사항을 용이

하게 연계시킬 수 있다.

- 반복되는 업무들은 자동화시켜라. 기억하라. 당신은 직원들이 자신의 업무에 머리를 쓰도록 하는 것이지 로봇처럼 손발만을 쓰도록 하는 것이 아니라는 것을.

- 비효율적인 프로세스들을 간소화시키고 중복되는 과업들을 제거하여 직원들이 자신들의 업무들 가운데 핵심적인 부분에서 숙련도를 높일 수 있도록 하라.

- 많은 노력이 투입되면서도 조직의 성과에 별 영향을 주지 못하는 과업들은 외주를 주어라.

직원들의 숙련도 욕구를 충족시킬 수 있는 두번째 전략은 **학습**이다. 리더가 직원들의 머리에 투자할 때, 직원들은 머리를 쓴다. 그러나 숙련도는 단번에 구축되는 것이 결코 아니다. 작은 것부터 하나씩 배우고 쌓아나가는 점진적인 과정을 통해 얻어지는 것이다. 그러니 직원들을 위해 풍부하고 다각적인 학습환경을 창조하라. 특별 프로젝트, 여러 부서의 업무를 아우르는 과제, 경영층과 훈련 받는 동료들에게 발표시키는 것 등의 다양한 학습 원천을 활용하라. 가장 효율적인 학습은 다른 사람을 가르치는 일이라는 점도 잊지 말라. 숙련도를 높이기 위해 경험에 경험을 더하라.

> "우리는 타인을 가르치면서, 스스로도 가르치게 된다."
> —격언

학습을 위해서는 물론 경우에 따라 재정적인 투자가 필요할 것이다. 예를 들어 세미나에 참여하거나, 전문적인 학습 기관에 교육을 의뢰하거나, 직원들을 위한 교재를 출판해할 것이다. 당신이 잊지 말아야 할 것은, 최상의 결과를 얻으려면 당신의 시간과 에너지를 적극적으로 투자해야 한다는 점이다. 직원들의 숙련도 욕구를 충족시키기 위해 리더가 갖고 있는 리더십을 활용하는 것보다 더 나은 것은 없다. 또한 성공적인 리더는 아랫사람이 내는 결과를 통해 더 큰 목표를 성취할 수 있다는 것을 기억하라. 즉 직원들이 많은 기술을 익히고 업무에 대한 숙련도를 쌓을수록 리더의 성공은 현실이 된다.

그리고 가장 중요한 것은, 직원들에게 가장 중요한 학습의 원천은 바로 팀의 리더라는 것이다! 직원들이 자신들의 업무에 머리를 쓰고 열정을 쏟게 만드는 리더가 바로 코치다. 그러므로 리더의 경험을 공유하라. 직원들이 하는 일 무엇에서든 학습할 수 있는 요소를 발견할 수 있다. 그러니 그 안에서 기회를 엿보고 교훈을 찾아라. 프로젝트 완수 후 성과를 점검하고 평가하는 자리, 고객과의 회의, 다른 부서와의 소소한 갈등, 팀 내 우선순위 설정의 변화, 잘못된 의사소통에서 오는 실수 등 조직에서 일어나는 일 모든 것이 학습의 기회가 될 수 있다. 성공적인 결과뿐만 아니라 실수에서조차 말이다. 무엇이 올바르고 무엇이 잘못됐는지에 대한 판단은 대부분 경험에서 오는데, 실제로 상당수의 경험이 잘못된 판단에서 얻어진다. 그러니 직원들이 실수를 저지를 때, 이를 통해 숙련된 능력을 쌓도록 코치할 수 있는 기회로 삼고 지나치지 않도록 하라.

　매일 모든 업무에서 직원들에게 도전거리를 주어라. 작은 도전거리를 하나씩 정복해가면서 그들은 업무를 완벽하게 습득하게 되고, 자신의 기술에 만족하게 될 것이다. 그러면 리더는 그들의 머리(지성)를 업무에 집중시킬 수 있게 되고, 팀의 업무성과는 당연히 좋아질 것이다.

열정적인 조직을 만드는 당신의 전략

직원들의 숙련도 욕구를 충족시키기 위한 핵심 전략들

◆ 직원들의 기량을 '최고·최상으로 활용'하기 위해 사람과
   업무 간의 효과적인 적합성을 확보하라.
◆ 직원들을 코치하고 리더의 숙련도를 전수하기 위해 그들을
   가르칠 수 있는 순간들을 포착하라.

직원들의 숙련도 욕구를 충족시켜주기 위해 당신이 취할 수
있는 한 가지 행동은 무엇인가?

머리를 써서 업무를 수행하도록 하고,

가슴을 열고 업무를 수행하게 함으로써,

열정적인 업무수행으로 경쟁에서 당당하게 승리하라!

"사람의 키나 덩치가 큰 것은 중요하지 않다. 중요한 것은 그 사람이 품고 있는 가슴의 크기다."

에반더 홀리필드*Evander Holyfield*, 헤비급 복싱 세계 챔피언 3회 우승자

For success,

I will...

가슴을 끌어들여 열정에 불을 지펴라

우리는 현재 고도의 기술을 중시하는 하이테크의 세계에 살고 있을지는 몰라도,
여전히 리더십은 사람의 감정을 중시하는 하이터치의 세계에 머물러 있다.

리더들에게는 직원들이 업무에 가슴(감성)을 쏟게 만드는 것이 업무에 머리(지성)를 쓰게 하는 것보다 더 도전적이다. 이것은 더욱 부드러운 리더십의 측면이지만, 사실 습득하기는 더 어렵다.

종래의 리더십 계발 프로그램들은 사실 '감성'이라는 부분에 별로 초점을 맞추지 않았다. 그래서 리더들은 직원들의 감성을 업무에 집중시키는 데 필요한 기술은 중요하게 생각하지 않았다. 대다수의 조직 역시 리더들이 감성 분야의 기술을 연마할 수 있도록 기회를 주지 않았다. 그 결과, 우리 주변의 리더들 상당수는 직원들의 감성을 얻는 데 별로 익숙하지 않다. 왜냐하면 조직에 있어서 개개인의 감성이 얼마만큼 중요한 부분을 차지하는지 인식하지 못하며, 설사 중요성을 안다 해도 그들의 감성을 얻기 위해서 무엇을 어떻게 해야 하는지 학습한 적이 없기 때문이다.

조직과 업무에 대한 감성적인 집중은 아주 결정적인 차별성을 만들어낸다. 개인의 감성만큼은 그 어떤 경쟁자도 함부로 복제하거나 따라 할 수 없기 때문이다. 때문에 학습할 가치가 대단히 높다.

감성이란 같은 유대감을 나누는 사람들끼리의 정서적인

부분을 나타낸다. 그리고 열정은 사람의 유대감에 기초한 감성적 측면을 보여준다. 이러한 감성적 측면을 부각시키기 위해서는 관계성에 초점을 둔 리더십의 예술이 요구된다. **열정은 직원들의 마음으로부터 솟아난다는 사실을 잊지 말라.**

많은 사람들이 선뜻 동의하지 않을 수도 있지만, 우리는 사실 감성적인 의사결정에 의해 움직이는 세상에 살고 있다. 앞에서 예를 들었듯이, 실제 고객이 상품을 구매하기로 결정하는 데 영향을 미치는 70%는 바로 인간과의 상호관계와 상호작용이다. 마찬가지로 직원들 역시 일차적으로 감성적이고 개인적인 측면에서 영향을 받는다. 사람들이 일을 하러 갈 때 집에다 마음만 따로 남겨두고 가지는 않는다. 우리는 현재 고도의 기술을 중시하는 하이테크*high-tech*의 세계에 살고 있을지는 몰라도, 여전히 리더십은 사람의 감정을 중시하는 하이터치*high-touch*의 세계에 머물러 있다.

'따뜻한 감성'이 넘쳐나는 회사들의 전설적인 이야기들을 들어본 적이 있는가? 모든 직원들이 한 가족 문화를 이루는 사우스웨스트 항공사*Southwest Airlines*, HOG(할리 오너 클럽*Harley Owner Club*)라는 그룹을 통해 고객을 물론 말단직원까지 자부심을 느끼게 만드는 할리 데이비슨*Harley-Davidson* 사, 영업소 직원들에게 이윤증가분의 일부를 나눠줌으로써 경쟁업체보다 훨씬 많은 급여를 주는 엔터프라이즈 렌트-어-카*Enterprise Rent-A-Car* 등의 회사에 대해서 말이다. 놀라운 것은, 직원들의 감성을 충족시키는 회사 뒤에는 언제나 놀라운 성과와 성공이 따라온다는 사실이다. 외부에 있는 사람들은 계속해서 그들의 특급 '비결들'을 알고자 한다. 앞의 회사들은 직원들 사이의 유대감을 만들어 낸 결과로 업계에서 지배적 위치를 차지하게 되었다. 그렇다면 그들은 어떻게 직원들의 감성을 사로잡는 데 성공할 수 있었을까? 직원들의 열정을 이끌어내기 위해서는 먼저 그들의 기본적인 감성 욕구들을 충족시켜야만 한다.

1. 목적의식
2. 친밀감
3. 평가와 인정

리더가 직원들의 이러한 욕구를 충족시켜줄 때, 비로소 직원과 리더와의 유대감, 자신의 업무와 자신의 목적 간의 연계, 직원 상호 간의 유대감을 스스로 강화시키는 연대감이 만들어진다. 당신의 감성을 업무에 투입하도록 하라. 리더라면 직원들의 감성을 회사로 유도하라. 자기 강화적인 유대감을 통해 직원들이 자신의 업무에 대한 열정을 키워가는 것을 지켜보라!

이제 사람들이 갖고 있는 3가지 정서적인 욕구를 구체적으로 살펴보고, 그 하나하나를 충족시키기 위해서 어떻게 해야 할지 모색해보자.

우리는 회사에 의해 고용되었지만,
결국은 사람을 위해 일한다.

목 적 의 식

　우리 모두는 손에 잡힐 듯 명확하고 동인이 되는 삶의 목적을 원한다. 또한 자신보다는 더 큰 대의(大義)에 공헌하기를 원한다. 이렇게 사람들이 가진 목적의식과 연계하여 '더 큰 것'을 이룰 수 있는 기회를 제공하는 곳이 바로 일터다. 사람들은 단지 자신이 고용된 회사를 위해서 일하는 게 아니라, 자신이 갖고 있는 강력한 삶의 목적을 위해 일한다. 목적이 없으면, 직원들은 그저 시간만을 투입하게 된다. 혹여 그들이 머리는 쓸지 모르지만, 뜨거운 열정은 쏟지 않는다.

목적이 없는 팀은 열정도 없는 팀이다. 당신의 직원들은 단기적으로 한두 번의 성과를 낼 수 있을지는 모르지만, 마지막까지 온 힘을 다해 싸우지는 못한다.

사람들이 갖고 있는 정서적인 욕구를 만족시키기 위한 첫 번째 전략은 바로 각자에게 아주 강력한 목적을 부여하고 그들이 그 목적에 대해 정서적으로 연대감을 느낄 수 있도록 만드는 것이다. '배회를 통한 리더십(LBWA : Leadership By Walking Around)'을 발휘해보라. 딱히 용건이 없더라도 직원들이 매일 출근해서 퇴근할 때까지 무엇을 하는지 주의 깊게 살펴보라. 아마도 그들의 업무보다 더 큰 영역을 차지하는 것이 감성이라는 것을 발견하게 될 것이다. 직원들이 조직의 대의가 무엇인지 이해하고 그에 감동하도록 만든다면, 그들의 열정은 자연스럽게 뒤따라온다. 목적은 팀을 더 밝은 미래로 나아가게 하는 다리다. 그러므로 리더는 강력한 목적을 정립해야만 한다.

목적의식을 채우기 위한 '강력한 목적'은 프로젝트의 목표나 이익률, 조직의 전략적 계획을 말하는 것이 아니다. 직원들은 '순이익을 10% 내자'라든가, '투자대비이익률을 20% 높이자', 혹은 '시장 점유율을 30% 높이자'와 같은 숫자에 감성적으로 크게 동요하지 않는다.

강력한 목적은 직원들이 아침에 일어나서 기분 좋게 매일 일터로 올 수 있게 만드는 하나의 강력한 이유이며 동력원이다. 그러므로 당신은 사람이 갖고 있는 감성을 유도하는 것에 대해 이야기하고 있다는 점을 잊지 말고, 숫자가 아닌 다른 형태의 목적을 만들어내야 한다.

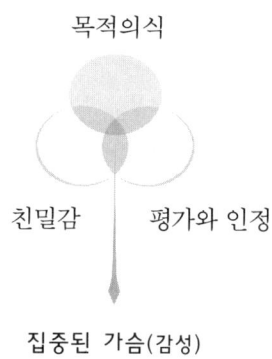

목적의식

친밀감   평가와 인정

집중된 가슴(감성)

사람의 마음을 움직일 수 있는 목적은 다양한 분야에서 찾을 수 있다. 다른 사람을 돕는 것, 세계를 더 나은 곳으로 만드는 것, 혁신하는 것, 경쟁에서 승리하는 것 등 무엇이라도 될 수 있다. 예를 들어, 월트 디즈니 *Walt Disney* 사의 목적은 '꿈을 현실로 만들자'다. 또한 코카콜라도 자신의 목적을 완성하기 위해서 아주 성실하게 노력했다. 그 결과 지구상의 모든 사람들이 언제 어디서든지 코카콜라를 마실 수 있도록 하자는 목적을 현실로 만들었다. 코카콜라의 경쟁자인 펩시의 목적 역시 아주 간단하다. '코카콜라를 무찌르자!'

당신의 조직이 갖고 있는 실제 목적이 언뜻 분명하게 보이지 않을 수도 있다. 예를 들어, 주택건축업자들에게 건축자재를 공급하는 회사를 생각해보자. 언뜻 보기에 이 회사의 궁극적인 목적이 무엇인지 잘 파악할 수 없을지도 모른다. 그러나 주의 깊게 들여다보면, '더 잘살고자 하는 사람들의 꿈을 돕는다'는 것이 이 회사의 목적이라는 것을 알 수 있다. 이것이야말로 직원들이 업무에 헌신할 만한 가치를 지닌 참된 목적이다.

당신의 팀도 목적을 가져야만 한다. 그것이 단순히 조직의 목적을 지원할 수도 있다. 만약 그렇다면, 직원들이 자신의 업무와 조직의 목적 간에 감성적인 연대감을 느끼도록 만들어라.

리더라면 회사가 나서서 직원들과 팀의 목적에 대해 의견을 나누고자 할 때까지 그저 기다리지 말라. 지금 당장 직원들의 감성을 일에 투입할 수 있도록 리더가 먼저 시작하라. 그러면 직원들은 일에 대한 열정을 키워가기 시작할 것이다. 당신이 속한 팀이 작든 크든 상관없이 팀 차원의 강력한 목적을 정의하라. 그리고 대담하게 밀고 나가라. 한 걸음 물러서서 큰 그림을 바라보라. 팀의 존재가 다른 사람의 삶을 어떻게 향상시키는지 생각해보라. 팀의 목적은 "우리가 다른 이들에게 어떤 영향을 끼칠 것인가?"라는 질문에 대한 답이 될 수 있다. 이에 대한 답은 당신의 가슴을 떨리게 할 것이다.

> "그저 바쁘기만 해서는 안 된다. 중요한 것은, 우리가 과연 무엇을 위해 바쁜 것인지 아는 일이다."
> …헨리 데이빗 소로우 *Henry David Thoreau*, 시인이자 작가, 생태학자

예를 들어보자. 고객의 전화를 받는 상담센터의 경우, 전화를 거는 모든 고객들의 하루를 더 밝고 기분 좋게 만드는 것이 목적이 될 수 있다. 정보기술 부서의 목적은 개인들의

생산성을 향상시키는 일이 그 목적이 될 것이다. 기업의 구매부서라면, 회사의 모든 제품은 입수 가능한 최상의 원자재로 만든다는 것이 될 수 있다.

직원들의 열정을 극대화시키기 위해서는, 그들의 업무가 팀의 목적에 어떻게 보탬이 되는지 질문을 던지고, 이를 통해 그들의 열정을 이끌어내라. 직원들에게 물어볼 수 있는 구체적인 질문은 다음과 같다.

- 우리 조직 또는 팀의 목적에 대해서 어떻게 느끼는가?
  - 만약 '자랑스럽다, 중요하다, 유대감이 느껴진다, 유용하다, 승리감을 느낀다' 같은 대답을 듣는다면 리더는 제대로 길을 들어선 셈이다.
- 우리의 목적이 당신의 업무를 색다르게 바라보도록 하는가?
- 우리의 역할, 업무처리 절차, 자원, 기량, 우선순위들이 팀의 목적을 달성하도록 우리의 능력을 뒷받침하는가?
- 우리의 목적을 더 잘 달성하기 위해 나 스스로 변화할 부분과 업무를 다르게 수행할 부분은 무엇인가?

일단 직원들이 자신의 업무와 그들의 목적 사이의 명확한 연관성을 본다면, 다음 전략은 그들이 그 목적에서 초점을 잃지 않도록 지원하는 것이다. 조금만 방심하면 활동을 위한 활동에 사로잡히기 쉽다. 인간의 존재 보다는 인간의 '활동'에만 집중하게 되는 것이다. 매일 팀의 목적에 레이저와 같은 선명한 초점을 맞추지 못하면 직원들은 업무의 생산성 대신에 자신들의 활동에만 사로잡히게 된다. 예를 들어 '나는 우리 팀의 목적을 위해 일하고 있다' 라는 인식을 할 새도 없이, 단지 '나는 진짜 바쁘다' 는 생각에 빠지는 것이다.

직원들이 자신들의 업무에 머리를 쓰도록 하고 열정을 쏟게 만드는 리더들은 직원들이 업무에 대해 우선순위를 매기도록 한다. 그리고 직원들이 팀의 목적에 직접적으로 도움이 되는 과업들에 대해서는 '예' 라고 말하고 그렇지 않은 과업들에 대해서는 '아니오' 라고 말하게 한다.

직원들의 시간과 에너지는 귀중한 자원이다. 만약에 그 자원들이 하나의 과업에만 투입된다면, 여타의 다른 과업에는 투입될 수 없을 것이다.

직원들에게 목적을 주고 그들이 업무에 열정을 쏟도록 하라. 그들은 열정적으로 업무를 수행할 뿐만 아니라 지속적으로 높은 성과를 기록하게 될 것이다.

열정적인 조직을 만드는 당신의 전략
직원들의 목적의식 욕구를 충족시키기 위한 핵심 전략들

◆ 강력한 목적을 만들고 직원들이 목적과 그들의 업무 사이의 연관성을 찾을 수 있도록 도와줘라.

◆ 팀의 목적에 직접적으로 도움이 되는 활동에 지속적으로 초점을 맞추어라.

직원들의 목적의식 욕구를 충족시켜주기 위해 당신이 취할 수 있는 한 가지 행동은 무엇인가?

친밀감

친밀감은 사람들이 서로 연결되어 있다고 느끼게 만든다. 이는 혼자가 아니라 어딘가에 소속되기를 원하는 인간의 기본적인 감성적 욕구다. 직장에서 충족될 수 있는 친밀감은 팀을 구성하는 한 일원이 되고 싶고, 동료들과 유대감을 느끼고 싶다는 것을 의미한다. 이런 욕구가 충족되지 않으면 직원들은 일터에 나와서도 고립감을 느끼고 동료들과의 연결고리가 없다고 느끼게 된다. 이렇게 고립감을 느끼면 그 직원은 그저 시계추처럼 집과 일터를 왔다갔다 반복할 뿐이다. 그는 열정을 집에 놓고 왔기 때문에 업무에 열정을 쏟지 않을 것이다.

친밀감에 대한 인간의 욕구를 충족시키는 일은 사람 사이의 관계를 형성하고 친밀한 유대감을 만드는 것이다. 먼저 당신과 당신의 팀이 주축이 되어 조직에서 연대감을 발전시켜나가라. 이에 필요한 전략에는 2가지가 있다. 바로 소규모의 팀을 유지하고, 팀의 특별한 의식ritual을 만드는 것이다.

회사나 조직의 규모가 커나감에 따라, 고객과 고위 경영자 간에는 더 많은 계층이 생겼다. 그렇게 많은 계층구조 때문에 고객의 욕구에 대응하는 팀의 속도나 대응성이 느려지고 이해의 속도도 늦어진다. 고객의 생생한 맥박을 감지할 수 없게 되는 것이다. 그러나 규모가 작은 소수의 팀을 만들면 위와 같은 부정적인 성향이 나타나지 않게 예방할 수 있다. 고객과의, 또는 동료간의 유대감은 소규모의 팀에서 만들어질 가능성이 높기 때문이다. 작은 팀은 고객, 동료들과 심도 깊은 친밀감을 나눌 수 있다. 인원이 적으면 그만큼 서로에 대해 충분히 나눌 수 있고 인간적인 면모를 알 수 있는 기회가 많기 때문이다. 이런 이유로 마이크로소프트 사는 개발팀을 12명 정도로 유지한다고 한다. 그러므로 고객, 동료들과 더욱 친밀한 관계가 되고 싶다면 팀을 최소한 작게 유지하라.

소규모 팀은 또한 직원들끼리 더욱 깊은 관계를 만들어나간다. 우리는 하루 중 회사에서 적어도 7~8시간이 넘도록 함께 지낸다. 그러므로 사람들은 직장에서도 가족적인 분위기를 느끼고 싶어한다. 회사에서는 오직 지성적인 업무만 진행되는 것이 아니기 때문이다. 직원들은 절대 시키는 일만 하는 로봇이 아니다. 만약 직원들이 동료들과 가족과 같은 정서적인 애착을 느낀다면 그들은 더 많은 감성을 업무에 투입할 것이다. 상사, 동료, 아랫사람이 서로 동료애를 느낄수록 더 협조적인 관계가 되고 업무를 할 때도 상대방을 더욱 배려한다. 당신은 직원이 어떻게 조직과 유대감을 느끼게 되는지 결정하는 90%가 그들의 동료와 직속 상사에게 달려 있다는 것을 알고 있는가? 규모가 작은 팀을 유지해 동료들끼리 더욱 친밀한 관계를 만들어 가야 하는 이유가 여기에 있다. 동료들과의 관계가 원만할수록 조직에 대해서도 긍정적인 인상을 갖기 때문이다. 그래서 전 세계적인 규모를 지닌 글로벌 기업들도 각 지역별 리더들이 직원들의 유대감, 친밀감, 참여도를 높여주길 바라고 있다. 회사는 실질적으로 지역 리더들과 팀 사이의 관계에 많은 영향을 받는다.

목적의식

친밀감   평가와 인정

집중된 가슴(감성)

직원들이 동료와 긴밀한 유대감을 느낄 때, 그들은 자신들의 업무에 대해 더욱 열정적이 된다. 그들은 각자를 위해, 그리고 팀을 위해 나아가게 된다. 이에 대한 예를 하나 들어보겠다.

그리 오래된 일도 아니다. 나는 전국적인 유통업체를 상대로 물품을 납품하는 한 회사의 물품창고 근처를 걷고 있었다. 그때 갓 스무 살이 넘어 보이는 수습직원 한 명이 물건을 싣고 출발하려는 트럭을 급하게 세웠다. 그리고 빗자루를 들고 재빨리 트럭 뒤쪽으로 올라타 트럭 뒤쪽에 묻은 흙먼지들을 털어낸 후 비로소 운전수에게 출발하라는 신호를 보냈다. 트럭이 출발한 후, 나는 호기심이 발동하여 그 직원에게 다가가서 말을 걸었다.

"아주 가뿐하게 트럭 위에 올라타던데요! 청소까지 마쳐야만 차가 출발할 수 있나봐요?" 그러자 그 청년은 이렇게 대답했다. "트럭 청소가 제 일은 아니에요. 물론 제 업무는 다 끝났지만 트럭이 깨끗한 채로 나가야 운전기사가 다시 창고에 돌아와서 짐을 실을 때 청소까지 할 필요가 없으니 시간이 좀 절약되죠. 운전사인 제프는 저와 같은 팀에 속해 있는데 요즘 일정이 빡빡해서 아주 힘들어해요. 그래서 조금 도와주고 싶었어요. 별로 큰일도 아닌데요, 뭘."

자, 이것이 바로 유대감의 힘이요, 업무에 몰입하는 팀의 정신이다!

> "사람들은 당신이 아무리 많은 것을 알고 있어도 당신이 얼마나 따뜻한 사람인지 알기 전에는 당신의 지식에 관심을 가지지 않는다."
> …익명

직원들의 친밀감 욕구를 충족시키는 두번째 전략은 팀만의 특별한 의식*ritual*을 만드는 것이다. 이 의식*ritual*이란 그리 거창한 것이 아니다. 모든 직원들이 모여 팀의 비전을 제창한다거나, 하루를 시작하기 전 구호를 외치는 식으로 함께 모여서 뜻을 다지는 일이다. 머리와 가슴을 다해 업무에 몰입하는 사람이라면 다른 이들이 볼 때 촌스럽다고 생각할 만한 의식*ritual*도 개의치 않고 실행한다. 이런 사람은 팀의 고유한 의식*ritual*을 팀만의 고유한 전통으로 만들어내서 우선순위에 놓고 직원들이 서로 유대감을 느끼도록 만든다. 마찬가지로 고객과도 더욱 가까워지는 의식*ritual*을 만들 수 있다. 이런 의식*ritual*의 목적은 직원들끼리 서로 친해지고, 소속감을 느끼고, 큰 소리로 즐겁게 웃는 데 있다! 그리고 분명한 것은 그런 리더와 직원들은 자신들의 의식*ritual*이 우스꽝스럽다거나 진부하다고 생각하지 않는다는 것이다. 당신의 팀에서도 아래와 같은 의식*ritual*을 시도해보라.

- 직원들의 생일과 특별한 행사를 축하하라.
- 팀 응원가를 만들라.
- 고객과 함께 하는 행사와 모임을 주선하라.
- 직원들과 고객의 사진을 사무실에 붙여놓아라.

직원들의 열정을 이끌어내는 것은 매우 인간적인 활동이다. 그런 의미에서 소규모 팀을 꾸리고 의식*ritual*을 만들어내는 것은 팀 사이의 친밀감을 높여주고 감성을 충족시키는 데 아주 유용하다. 만약 직원들이 서로 서먹한 사이라면, 마찬가지로 당신의 회사와 고객도 서로 잘 이해하지 못하는 피상적인 관계에서 벗어나지 못할 것이다.

열정적인 조직을 만드는 당신의 전략

직원들의 친밀감 욕구를 충족시키기 위한 핵심 전략

◆ 소규모 팀을 구성하여 직원들이 동료들, 그리고 고객들과 서로 유대감을 느끼도록 하라.
◆ 의식과 축제를 만들어 소속감과 즐거운 분위기를 고취시켜라.

직원들의 친밀감 욕구를 충족시켜주기 위해 당신이 **취할 수 있는 한 가지 행동은 무엇인가?**

평 가 와 인 정

심리학의 아버지 윌리엄 제임스*William James*는 인간의 기본적인 욕구는 남에게 인정받는 것이라고 말했다. 이 개념은 또한 오랫동안 여러 가지 연구에 의해 뒷받침되고 있는데, 직원들이 바라는 최고의 욕구는 자신의 일에 대해서 제대로 인정받고자 하는 것이다. 대체로 많은 리더들이 직원들의 이런 욕구를 이해하고 인정하긴 하지만, 아직도 제대로 파악하지 못하는 리더도 많다. 다시 한 번 설명하자면, 리더들은 일반적으로 직원들을 충분히 평가하고 인정한다고 믿는 경향이 있다. 그러나 정작 직원들은 자신이 제대로 평가받지 못한다고 생각한다.

직원들은 무의식적으로 자신의 업무성과를 약간 부풀려 생각하고 실제 리더에게 받는 평가와 업적을 비교하곤 한다. 직원들은 항상 '내 성과가 과소평가 되었나? 과대평가 인가? 아니면 적당한가?'를 고민한다. 문제는 리더가 내리는 평가나 인정이 자기 스스로 생각한 것에 비해 합당하지 않고 부족하다고 느끼면, 그들은 그 순간부터 더 이상 업무에 열정을 느끼지 못한다는 것이다. 그러므로 이를 방지하기 위해 리더의 평가와 인정은 직원 스스로가 느끼는 공헌도와 비슷하거나 그 이상이어야 한다.

직원들의 머리와 가슴을 일터로 끌어올 줄 아는 리더들은 직원들의 평가와 인정의 욕구를 충족시키기 위해 다음과 같은 2가지 전략을 활용한다.

1. 공헌을 인정하라.

2. 사람을 인정하라.

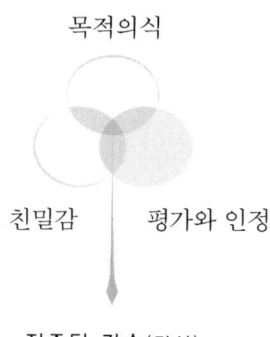

목적의식

친밀감   평가와 인정

집중된 가슴(감성)

    만약 당신이 리더라면 직원들의 노력과 그 결과물을 인정하려는 기회를 놓치지 않도록 능동적으로 관찰하라. 거창한 성과가 아니라고 무시하지 말고, 항상 그들의 성과와 조직에 대한 공헌을 인정할 수 있도록 하라. 적극적으로 직원들의 노력과 성과를 인정하는 기회를 찾아서 직원들의 공헌을 인정해주어라. 사람들이 좋은 일을 하는 순간을 포착하고, 이런 행동을 자주 되풀이하라. 감사의 마음을 표현하기 위해서 금전적인 보상을 하는 것도 공헌을 인정하는 한 가지 방법이 될 수 있다. 하지만 돈으로 사람의 마음을 얻기에는 한계가 있다. 반면 돈과 상관없는 인정은 더욱 강력하고 오래도록 지속된다. 그 이유는 무엇일까? 왜냐하면 그것은 오직 그 사람만을 위한 것이기 때문이다. 이런 행동은 직원들의 유대감과 친밀감을 극대화시킨다. 그 결과, 그런 평가와 인정은 받는 사람의 감성을 자극해 더욱더 업무에 집중하도록 만든다. 이는 아주 기본적인 사람의 심리다. **앞으로 직원들의 긍정적인 현상을 더 자주 보길 원한다면 바람직한 평가와 인정의 행동을 강화시켜라.**

> "사람들은 당신이 한 말을 잊어버린다. 당신이 한 일도 잊어버린다. 그러나 당신으로 인해 그들이 어떻게 느낌을 갖게 되었는지는 결코 잊지 않는다."
> …익명

희망적인 소식은 리더들은 언제나 바람직한 평가와 인정의 행동을 할 수 있다는 것이다. 여기에는 예산의 제한도 없다. 아주 적은 비용이나, 또는 전혀 비용을 들이지 않고서 직원들의 공헌을 인정할 수 있는 방법이 수천 가지나 된다. 그러므로 리더는 직원들의 노력을 평가하고 인정할 수 있는 효과적인 표현방법을 학습할 필요가 있다. 직원에 대한 평가는 정성을 담아 진지하고, 직원 개개인이 오래도록 잊지 못할 만큼 감동적이며, 앞으로 더욱 열심히 일할 동기를 부여해주고, 무엇보다 의미 있는 것이어야 한다. 그리고 다른 동료들과 함께 하는 자리를 만들어야 한다. 리더가 직원들의 노력을 인정하고 그들의 마음을 얻을 수 있는 방법에는 다음과 같은 것들이 있다.

- "감사합니다"라는 말을 아끼지 않는다. 이 말은 감사하는 마음을 드러내는 너무나도 분명한 표현이지만, 정작 필요한 때에는 잘 사용되지 않기도 하다.
- 직원이 직접 리더에게 자신의 업무를 건의하고 요청할 수 있는 기회를 준다. 직원 스스로가 머리와 가슴을 업무에 집중시킬 수 있는 아주 탁월한 기회이고, 이 기회를 통해 리더 역시 자신이 어떤 종류의 리더인지를 선명하게 보여줄 수 있기 때문이다.
- 직원들이 직접 하고 싶은 프로젝트를 선택하게 한다. 직원들 스스로 프로젝트의 주인이 되면 그들은 누가 시키지 않아도 머리와 가슴 모두를 완벽하게 집중시킬 것이다.
- 회사나 부서의 사보에 직원들에 대한 감사의 글을 게시하라. 이 일을 하는 데는 단 몇 분이면 충분하다. 그러나 직원들 입장에서는 그 '상품가치'가 오래도록 지속

된다.

▸팀 전체 회의에서 직원들이 일을 하면서 겪었던 성공 스토리를 들려주어라. 스토리는 훨씬 더 재미있고, 의미있고, 생각할 수 있는 기회가 되며, 더 오랫동안 기억에 남는다.

▸직원들과 함께 식사를 하라. 그리고 그들 각자에게 얼마나 감사하는지를 보여주어라. 또한 당신의 말만 늘어놓기보다 직원들의 의견을 충분히 들어라.

HP 사의 전(前) CEO인 칼리 피오리나*Carly Fiorina*는 누가 봐도 아주 바쁜 사람이었다. 그녀가 CEO로 취임한 이후 기업이 더욱 성장했기 때문이다. 그러나 그녀는 그 바쁜 와중에도 새로운 계약을 따낸 직원을 위해 아기자기한 풍선, 선물, 케이크 등을 준비하고 감사한다는 말을 건네며 그의 노력을 칭찬해줬다.

이처럼 직원들의 공헌과 노력에 대해서 감사하고 인정하는 것은 시간이 많은가 그렇지 않은가 하는 문제가 아니다. 리더가 무엇을 우선순위에 놓느냐에 달린 것이다.

성공하는 리더는 직원을 온전한 인격체로 이해하고 받아

들이는 것 역시 개인의 업무성과를 인정하는 것만큼 중요하다는 것을 안다. 2만여 명의 리더들을 조사한 결과, 그들 모두가 공통적으로 선호하는 가장 효과적인 평가방법이 있었다. 즉 직원들을 있는 그대로 하나의 인격체로 보고 진지한 관심을 표하고 진심으로 감사하는 것이다. '진심'은 여기서 큰 효력이 있는 단어다. 직원들의 마음을 얻고 싶다면 리더의 동기가 중요하다. 만약 리더가 뭔가 대가를 바라고 직원들을 평가하고 인정한다면, 그들은 그 순간 당신의 속마음을 꿰뚫어볼 것이다. 진심이 담겨 있지 않은 얄은 속셈은 그 누구에게도 감동을 주지 못한다.

매일 직원 한 명 한 명에 대해 새로운 것을 알아내라. 가족, 취미, 여가활동 등 그 사람에 대해서 몰랐던 새로운 점한 가지씩을 물어보라. 그러면 곧 당신은 그들의 인간적인 면을 제대로 이해하고 인정하기 시작할 것이다. 그런 다음, 당신이 알게 된 정보를 바탕으로 그들과 튼튼한 신뢰관계를 쌓아가라. 씨실과 날실이 엮여서 튼튼한 직물이 되는 것처럼 말이다. 당신이 그들에게 보여준 평가와 인정은 업무에 대한 열정으로 당신에게 돌아올 것이다.

당신이 절대 잊지 말아야 할 기본원칙은 이것이다. 사람은 자신을 인정하는 사람을 위해서 더 많은 것을 한다는 것이다. 직원들을 평가하고 인정하라. 그러면 당신 역시 그들의 마음을 얻을 것이다.

열정적인 조직을 만드는 당신의 행동전략

직원들의 평가와 인정의 욕구를 충족시키기 위한 핵심 전략

◆ 직원들의 공헌을 인정한다는 것을 보여줄 수 있는 기회를 적극적으로 찾아라.
◆ 직원들을 사람으로 인정하고, 무엇이 그들을 움직이게 만드는지 학습하라.

직원들의 평가와 인정의 욕구를 충족시켜주기 위해 당신이 취할 수 있는 한 가지 행동은 무엇인가?

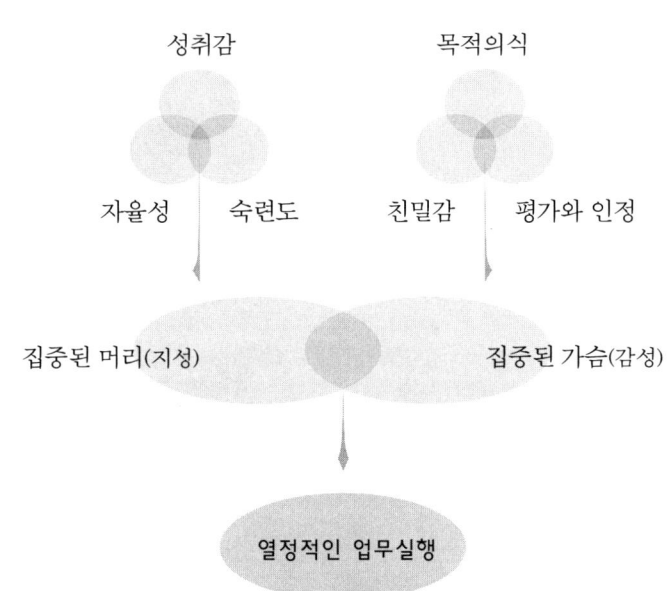

성취감   목적의식

자율성   숙련도   친밀감   평가와 인정

집중된 머리(지성)   집중된 가슴(감성)

열정적인 업무실행

For success,

I will...

러너스 하이에 도달하라

시작은 그리 만만치 않을 것이지만 끈질기게 지속하라. 그렇지만 어느 순간 성공이
저절로 찾아오는 듯한 순간에 도달할 것이다.

이제는 전략의 실행에 집중하라

직원들로 하여금 자신들의 업무에 머리(지성)를 쓰도록 하는 것은 업무수행의 초석이 되며, 직원들이 자신들의 마음(감성)을 업무에 쏟게 하는 것은 열정의 초석이 된다. 머리(지성)와 마음(감성)은 서로 손을 맞잡고 함께 움직인다. 3가지의 모든 지적 욕구와 3가지의 모든 감성적 욕구가 충족되고 머리와 가슴을 연계시킬 때에만 열정적인 업무수행이 가능하게 된다. 다음의 표는 지금까지 논의해온 6가지 욕구들을 충족시키는 전략들을 요약한 것이다. 열정적 업무수행에 이르도록 하는 방법들에 대해 논의하기 전에 6가지 전략들을 잠깐 살펴보기 바란다.

> "직원들로 하여금 자신들의 업무에 머리를 쓰도록 하고 열정을 쏟게 만드는 리더들은 우수한 직원을 더 우수한 직원으로 만든다."
> …에드 겁만 *Ed Gubman*, 경영 컨설턴트

팀을 열정적 업무수행에 이르도록 이끄는 것은 리더의 큰 책임이다. 리더야말로 직원들이 열정적으로 업무를 수행하도록 만들 수 있는 유일한 사람이기 때문이다. 당신 상사의 책임도 아니고 인력부서의 책임도 아니다. 바로 당신의 책임이다. 직원들이 열정적으로 업무를 수행하도록 하는 것은 개인만이 가능한 문제이지 회사가 해결할 수 있는 문제는 아니다.

직원들의 욕구를 충족시키고 그들을 열정적으로 만들기 위해서는 장기적인 노력이 필요하다. 안타깝게도 그 어떤

요구사항	충족전략
머리(지성)	
성취감	◆ 성취 장애물을 제거하라. ◆ 선명하고 확실한 목표를 설정하라.
자율권	◆ 업무 프로세스를 개선시킬 때, 직원들도 참여시켜라. ◆ 업무수행에 대해 광범위하면서도 명확한 경계를 설정하라.
숙련도	◆ 직원들을 '최고·최상으로 활용'하기 위해 사람과 업무 간의 적합성을 찾아라. ◆ 직원들을 코치할 수 있는 순간을 포착하라.
가슴(감성)	
목적의식	◆ 목적과 업무와의 연관성을 찾을 수 있도록 도와주어라. ◆ 팀의 목적에 직접적으로 도움이 되는 활동에 초점을 맞추어라.
친밀감	◆ 소규모 팀을 구성하고 유지하라. ◆ 의식 *ritual* 과 축제를 만들어 소속감과 즐거운 분위기를 고취시켜라.
평가와 인정	◆ 적극적으로 직원들의 공헌을 인정한다는 것을 보여줄 수 있는 기회를 찾아라. ◆ 그들을 사람으로 인정하고, 무엇이 그들을 움직이게 만드는지 학습하라.

지름길도 있을 수 없다. 그러므로 **단거리 질주가 아니라 마라 톤을 할 마음의 준비를 하라.** 물론 기나긴 여정 중에 예상치 못한 돌부리에 걸려 넘어질 수도 있다. 또한 더 이상 계속할 수 없을 정도로 지치고 나약한 기분이 들 때까지 직원들에 게서 열정적인 업무수행의 불꽃을 발견하지 못할 수도 있 다. 아무런 성과 없이 당신의 팀원 모두가 후퇴하는 것처럼 보일 수도 있다. 아마도 당신이 들인 노력이 헛된 것은 아닌 가 하는 절망감이 드는 순간도 올 것이다.

혹시 '러너스 하이 *runner's high*'라는 말을 들어본 적이 있는가? 이는 30분 이상 달리거나 몸을 움직이는 운동을 하 면 체내에 호르몬의 일종이 분비되어 행복감과 도취감, 쾌감 을 느끼는 상태를 말한다. 그런데 이 '러너스 하이'를 맛보 기 위해서는 조금 힘든 강도로 30분 이상 운동을 지속해야 한다. 직원들의 열정을 불러일으키는 것도 마찬가지다. 그 과정은 그리 만만하지 않을지라도 끈질기게 지속하라. 그러 면 어느 순간 아무런 노력을 기울이지 않은 것 같은데도 성 공이 저절로 찾아오는 것처럼 보이는 순간이 올 것이다. 이 때가 바로 '러너스 하이'의 영역에 닿은 것이다. 그제야 비 로소 당신과 당신의 팀은 머리와 가슴을 업무에 몰입시키는 일이 전혀 어렵지 않다는 것을 깨닫고, 이제까지 수행한 고된 노력과 성공이 가져다주는 달콤함을 온전히 느끼게 된다. 또한 가장 매력적인 것은, 이제 그 어떤 경쟁자보다 빠르게 성공을 향해 질주할 수 있다는 것이다.

그러나 경주를 시작하지 않으면 경주 그 자체에서 이길 수 없다는 것을 명심하라. 마라톤 선수들은 42.195km라는 전체 코스를 생각하면서 달리지는 않는다. 선수들은 오직 그들 앞에 놓인 1km를 생각하며 달린다. 1km를 완주하면 또다시 1km, 이렇게 한 번에 한 단계씩만 달려 나간다. 당신도 마찬가지다. 직원들이 열정적인 업무수행을 할 수 있도록 만드는 것은 당신의 가장 궁극적인 목표다. 그 목표를 달성하기 위해서는 결코 조급하게 서둘러서는 안 된다. 한 번에 한 단계씩만 나아가라. **한 번에 한 가지 기본적 욕구를 충족시키는 염두에 두고 여정을 시작해라.** 절대 한꺼번에 이루려는 생각을 하지 말라.

긴 레이스에 관한 좋은 예가 있다. 우주선이 지구에서 출발해 달 표면에 착륙했다가 다시 돌아오는 거리가 무려 80만km나 된다는 것을 아는가? 여기에서 정말 흥미로운 것은, 우주선이 대기권을 벗어나기 위해 단 몇 초 동안 쓰는 에너지가 우주궤도에서 며칠 동안 머무르면서 쓰는 에너지보다 훨씬 더 크다는 점이다. 그만큼 지구가 우주선을 끌어당기는 중력은 단 몇 초 동안에도 어마어마하다. 아마도, 일요일 오전에 아이들을 텔레비전 앞에서 떼어놓는 것만큼이나 큰 힘이 필요할 것이다. 그래서 대기권을 벗어나기 위해서는 지구가 끌어당기는 중력과 주변의 저항보다 더 큰 내부의 추진력이 필요한 것이다. 그러나 일단 우주선이 우주궤도에 진입하면, 그때부터는 별다른 에너지가 들지 않는다.

이렇게 우주선의 에너지가 사용되는 공식은 리더가 새로운 리더십을 구축하는 데 똑같이 적용될 수 있다. 처음에는 새로운 리더십을 발휘하는 것이 익숙하지도 않고, 생각보다 많은 노력과 어려움이 있을 것이다. 그래서 리더조차도 변화를 거부하고 현재에 안주하고 싶은 '관성적인 저항'을 느낄 수 있다. 그러나 일단 새로운 리더십을 습관처럼 몸에 익히면, 그 이후로는 모든 노력이 편안하게 느껴지고 별다른 노력을 기울이지 않아도 또다시 새로운 리더십을 발휘할 수 있게 된다. 리더뿐만 아니라 일반적인 직원들도 마찬가지다. 새로운 일을 시작하기 위해서는 일단 노력을 기울여야 하지만, 이 고난을 극복하고 완전히 습관을 만들면 더 이상 고통스럽지 않다. 또한 또 다른 새로운 시작을 할 때도 전만큼 어렵지 않다. 열정적인 리더는 직원들의 열정적인 업무 수행을 가능하게 만들기 위해서 초기의 저항과 불편함을 감수해야 한다. 그러나 노력 이상의 가치와 보상을 받을 수 있다는 것만은 명심하라.

> 열정적인 업무수행을 이끌어내기 위해서는 당신이 먼저 모범을 보여야만 한다.

여정의 첫 단계는 바로 당신이다. **직원들이 자신들의 업무에 머리를 쓰도록 하고 열정을 쏟게 만드는 리더는 자신이 먼저 솔선수범하여 모범이 된다.** 열정적인 리더는 자신부터 시작할 줄 안다. 직원들을 채근하기에 앞서 기꺼이 자신의 열정을 내보인다. 만약 당신 팀의 성취도가 낮다고 판단되면 바로 당신의 성취도를 높이기 위해 무엇이 필요한지부터 점검하라. 팀의 기술과 숙련도가 부족하다면 당신의 숙련도를 높이기 위해서 무엇을 할 수 있을지 고민하라. 또한 당신 팀의 목적의식이 흐릿하다면 당신의 목적의식이 흐릿한 이유부터 점검하라. 리더가 스스로 변화하여 긍정적인 역할모델이 되면, 이는 직원의 열정적인 업무수행 능력을 키우는 가장 강력한 전략이 된다.

그 다음 단계는 직원의 욕구를 충족시키는 데 초점을 맞추는 것이다. 책의 처음으로 되돌아가서 각 장의 내용을 다시 되새겨라. 즉 당신 팀에게 가장 부족하고 절실하게 생각되는 기본욕구가 무엇인지 생각해보고, 그에 해당하는 장을 다시 읽기 바란다. 그리고 각 장의 마지막에 당신이 적은 단한 가지 조치를 다시 되새기고, **당신이 쓴 그 행동을 직접 실천하라!** 여기 리더가 할 수 있는 몇 가지 행동의 예가 있다.

- 나는 직원들이 핵심 기량을 습득하도록 도울 수 있는 기회들을 찾는다.
- 나는 각각의 직원들과 명확한 목표를 설정함으로써 성취의 핵심 장애물들을 제거할 것이다.
- 나는 매일 나의 팀의 직원을 칭찬할 한 가지 이유를 찾을 것이다.
- 나는 모든 직원회의에서 직원들에게 개선을 위한 제안들을 요청할 것이다.
- 나는 직원과 업무 간의 효과적인 적합성을 확보할 수 있도록 체계적인 채용 프로세스를 실행할 것이다.
- 나는 모든 직원들이 자신들의 동료들과 고객들과 끈끈한 유대감을 느낄 수 있도록 팀 구조를 점검할 것이다.

나는 우리가 우리의 목표에 대한 초점을 잃지 않도록 하기 위해 직원들이 어떻게 변화해야 하는지 질문을 던질 것이다.

이제, 당신이 선택한 한 가지 행동을 긍정적인 습관으로 만들어라. 보통 행동을 취하고 강화함으로써 새로운 습관을 형성하기 위해서는 28일이 걸린다고 한다. 그러므로 직원들을 위해 기본 욕구를 충족시키는 습관을 확실하게 형성될 때까지 한 가지 행동을 끝까지 물고 늘어져라.

그리고 일단 당신의 새로운 행동이 진짜 습관이 되었다면, 다시 이 책을 펼쳐 들어라. 그리고 직원들이 원하는 또 다른 요구가 무엇인지 찾아보고, 이를 충족시키기 위한 행동을 결정하고 습관으로 만들어라. 그리고 당신과 당신의 팀이 자신감과 추진력을 가질 수 있도록 아기의 걸음마처럼 한걸음씩 나아가라. 이것이 바로 성공으로 가는 탄탄대로다. 잊지 말아야 할 것은 이 과정은 단거리가 아니라, 장거리 마라톤이 될 것이라는 점이다.

바로 지금, 오늘부터 시작하라! 당신이 할 수 있는 가장 간단한 한 가지 행동부터 시작하라. 그런 다음, 서서히 다른 행동을 실행하라. 차츰 당신은 직원들의 욕구를 제대로 충족시켜주는 '러너스 하이'의 상태에 도달하게 될 것이다. 결국에 직원들은 자신의 업무에 머리와 가슴을 집중시키고, 마침내 모든 사람들이 매일 열정적으로 업무를 실행할 것이다. 당신은 반드시 경기에서 승리하고 경쟁을 이겨낼 것이다.

> 성공적인 리더들은 성공적인 습관을 가지고 있다. 그들은 내일의 보상을 위해 오늘의 즐거움을 희생한다.

For success,

I will...

PASSIONATE
PERFORMANCE

Engaging Minds and
Hearts to Conquer the Competition

본 도서의 영어 원문을 실어드립니다.
하루하루 늘어나는 열정과 함께 영어 학습의 기회를 잡으시길 바랍니다.

The hardest thing for your competitors to duplicate is the most **powerful advantage** you have — the **MINDS** and **HEARTS** of your employees.

engage

`verb`

to attract and hold interest;

to cause to participate;

to connect or interlock with.

CONTENTS

INTRODUCTION

In today's hyper-competitive market, a burning question for most companies is this: "How can we achieve a significant and sustainable competitive advantage in order to retain our customers?" After all, keeping existing customers is five times less expensive than finding new ones. That's good business in anyone's book.

Traditional competitive factors like product design, technology and distribution channels are harder to sustain in a super-fast, mega-networked world. In fact, the good old "Four P's of Marketing" — product, price, promotion and placement — are having much less impact for companies competing in today's markeplace.

A fifth "P" — *people* — has become an increasingly important competitive factor. Consider this: About 70% of customers' buying decisions are based on positive human interactions with sales staff. Add to this the fact that 83% of the U.S. gross domestic product comes from services and information which are created and delivered by people. **The bottom line is that people buy from people, not companies.** So, your people — and the performance they deliver — are the defining competitive advantage for your organization.

When people are engaged in their work and feel a deep connection to it, they deliver Passionate Performance. Passionate Performance creates satisfied customers, and ultimately, value for the organization.

Think of the times you've gone shopping or to a restaurant and dealt with service people who were visibly excited to be in their jobs and to be serving you. Their words jumped out of their hearts rather than being regurgitated from a script. They probably surprised you with the extra effort and thoughtfulness they put toward satisfying your particular needs or questions — and they actually seemed happy to do it!

Now, consider how you felt when you left these establishments. Did you buy more than you had planned? We re you likely to return? Did you recommend these businesses to friends? You probably answered "Yes" to at least one of these questions. That's the beginning of a value chain that starts with engaged employees.

Some people are naturally engaged in their work and consistently deliver Passionate Performance. The most effective leaders learn how to bring these qualities out in everyone. They invest time, energy and resources to engage their people because engaged employees are more likely to:

- stay with the organization;
- perform at higher levels;
- influence others to perform well;
- promote the organization externally; and
- deliver unparalleled customer service.

When you discover how to actively engage your people to deliver Passionate Performance, you start a powerful and self-reinforcing cycle that builds value for your organization. This creates a unique, sustainable competitive advantage. Given enough time and resources, your competitors can replicate your products, distribution channels and technology. However,

Passionate Performance cannot be easily duplicated by your competition and creates a rock-solid wall of differentiation between you and the rest of the pack.

This book offers practical strategies to help you engage your employees — their minds and hearts. Using these strategies will create a precious and powerful competitive advantage for your organization.

I hope these pages inspire your mind and heart with ideas that help you evoke Passionate Performance from your team.

Read, enjoy and engage!

"If your company is going to put customers first, then you must put employees more first."
···Tom Peters, Management Consultant and Author

For success,

I will...

THE ANATOMY OF PASSIONATE PERFORMANCE

PASSIONATE PERFORMANCE

Passionate Performance is achieved when employ-
ees are fully engaged—when they demonstrate a
**strong, sustained intellectual and emotional attach-
ment to their work.**

You will know when employees are demonstrating

Passionate Performance because you will feel the enthusiasm and see the results. Your team will have more fun creating better outcomes. They will be fully present at work, in the moment, in the flow. They will perform at higher levels and be motivated to do more. They will feel like kids again—a time when they had fun doing their very best at whatever they were engaged in. In short, **their work will feel like play.**

Can you remember a situation where you felt like this? Maybe it was a special project where everything came together perfectly. Or a team you were on where everyone did what was best for the team, creating a rare synergy. Or a certain cause you volunteered for where you felt like the best of your skills and talents flowed naturally to make a real difference. Most of us can remember a situation like this because it was such a unique experience and left us with such a special feeling. It may have been a lot of work, but we most frequently describe it as "fun." That's because our minds and hearts were fully engaged.

What does Passionate Performance look like? How will you know when your employees are giving it? Look for signs of the big payoff from Passionate Performance: discretionary effort — people choosing to do more for you. You'll know your employees are giving discretionary effort when they:

- choose to work late to complete a project;
- ask how they can better serve another team member or department;
- inquire about how their actions affect another function or the customer;
- make a connection between their decisions and the company's financial results;
- treat company resources like their own;
- initiate improvements in work methods;
- look beyond their own roles for improvement

opportunities; and

▸ pursue self-development on their own time.

You might think the instances of employees giving Passionate Performance will be few and far between, but they don't have to be. You can learn how to orchestrate Passionate Performance every day.

A Gallup poll revealed that only 26% of U.S. employees are fully engaged at any time.

On the other end of the spectrum, 19% of employees are actively disengaged, meaning they intentionally act in ways that negatively impact their organizations. The annual cost nationwide to employ this actively disengaged group exceeds $300 billion.

Source: Gallup Management Journal, March 2001

The Engagement Challenge

As the research highlighted on the prior page indicates, most employees are not engaged at work—their bodies may be there, but their minds and hearts are not. In fact, 74% of employees are either indifferent to their work or actively disengaged.

Just think of the last time you had to deal with service representatives who made it clear they had something better to do than serve you. Unfortunately, most of us don't have to think much farther back than last week to recall such an interaction.

Are disengaged employees a problem in your organi-zation? Do your employees complete only what is asked of them and nothing more? Did you know that actively disengaged employees miss an average of 3.5 more days of work per year than engaged employees? Consider some other effects of disengagement:

- increased turnover;
- missed deadlines;
- low morale;
- high burnout rates;
- complacency;
- finger-pointing; and

▸ lack of accountability and responsibility.

Do you recognize any of these? If you answered "Yes," that's an indication you have an engagement challenge.

Some disengaged employees will choose to leave your team. Even worse, others will stay on the job, just put in time and be destructive. An employee who quits no longer affects your organization; an actively disengaged employee who stays has a toxic effect on your team and your customers.

Does disengagement look like a pretty bleak picture for leaders? Not at all! **Disengagement is simply the result of unfulfilled needs.** Nothing fancy here; these are basic human needs that leaders either forget to, choose not to, or simply don't know how to fulfill.

The good news is that it doesn't cost a dime to

engage employees, and the strategies you need to engage your team are simple. Even better, the answers and tools are actually right here at your fingertips. So, let's look at what you can do to win this engagement challenge.

Engaging Minds and Hearts

Management guru Peter Drucker advises leaders to, "Accept the fact that we have to treat almost anybody as a volunteer." Employees as volunteers is a useful concept to remind leaders that they must continually engage their people. Only fully engaged employees will give you the discretionary effort required for

Passionate Performance. In the era of the volunteer worker, leaders must engage their employees to elicit discretionary effort from them. It may sound like pretty heady and heart-wrenching stuff to fully engage your employees, but there are simple strategies you can use in your pursuit of Passionate Performance.

The solution to the engagement challenge is found within the minds and hearts of employees where basic human needs are fulfilled. It's a simple but powerful formula: **When my needs are fulfilled, I am engaged and I perform at my peak ability.** When my needs are met, I'm motivated to help those who meet my needs. When my needs are not met, I'm frustrated, out of control, unfocused, and disconnected—in a word, disengaged.

To meet these needs, leaders must first see them and acknowledge them. In order to see them, leaders must view their employees as people and not just workers. If you look at your employees as people, you can identify these six basic needs—three intellectual and three emotional:

Intellectual Needs	Emotional Needs
Achievement	Purpose
Autonomy	Intimacy
Mastery	Appreciation

These needs are interdependent. For example, to engage the minds of your employees, you must fulfill all three intellectual needs: achievement, autonomy and mastery. The same holds true for the emotional needs. Therefore, achieving Passionate Performance is a two-sided challenge: intellectual and emotional. Successful leaders engage both the minds and hearts of their people.

When it comes to Passionate Performance, the mind and the heart go hand in hand. **Engaged minds**

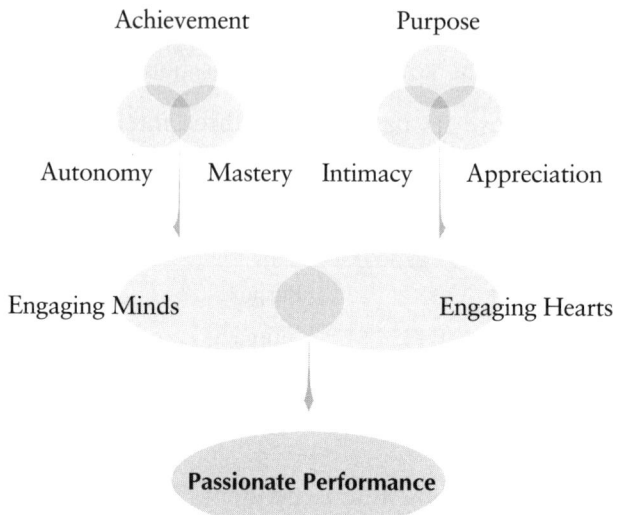

Achievement   Purpose

Autonomy   Mastery   Intimacy   Appreciation

Engaging Minds   Engaging Hearts

Passionate Performance

build your employees' performance and engaged hearts build their passion. Performance without passion tends to falter during tough times or in the face of challenges that require sacrifice, significant extra effort or unusually creative solutions. On the other hand, passion without performance results in diffused, unfocused efforts.

A close look at great companies reveals a common

theme: They have leaders who engage the minds and hearts of their employees and therefore are able to evoke Passionate Performance from their teams. For example, at high-tech giant Agilent, leaders throughout the organization work hard at engaging employees and helping them create strong intellectual and emotional attachments to work. During an economic downturn, the company was forced to eliminate over 8,000 jobs. Because leaders had developed an engaged workforce, they found many laid-off employees working until 10:00 p.m. on their last day just to leave things in good order. Now that's Passionate Performance, and it can shine a light for your organization even during dark times.

How would you like to be able to elicit Passionate Performance from your employees every day? You can if you will take the steps to satisfy their needs. The remaining chapters describe each need and practical strategies you can use to fulfill each one. Although the engagement strategies are simple, make no bones about it—they require lots of hard work. The results will be well worth your effort. Meeting employees' needs builds the foundation for Passionate Performance. When you fulfill their needs, your employees will create a powerful competitive advantage for your organization—guaranteed!

> Our newest competitive advantage is our oldest one—our employees' minds and hearts.

"I always felt that my greatest asset was not my physical ability; it was my mental ability."
—Bruce Jenner, Gold Medal Olympic Decathlete

For success,

I will...

ENGAING THE MIND

Engaging employees' minds tends to come naturally for many leaders. The mind represents the intellectual aspects of people that are based on reason, logic, and cause and effect. It requires the science of leadership which is the focus of most leadership training and education. **Engaging the mind builds employee performance.**

Elevating employees' performance by engaging their minds involves the basics of leadership, but the basics are often overlooked. Even the best professional athletes can lose site of the basic skills of their sports: An all-star wide receiver takes his eyes off the ball and misses an easy touchdown pass. An Olympic downhill skier doesn't stay in a tight tuck, catches a draft and eats snow. A world-class golfer forgets to shift her weight during a tee shot and shanks it.

It's no surprise that, as leaders, we can also sometimes forget the basics. The basics of our "sport" involve meeting employees' three intellectual needs:

1. Achievement
2. Autonomy
3. Mastery

"Thought, not money, is the real business capital."
—Harvey S. Firestone, Founder, Firestone Tire &
Rubber Company

When you fulfill these needs, you create a self-reinforcing cycle of improvement, growth and high performance for your team. The mind is a muscle. It must be exercised or it will weaken. Engaging the mind is a form of mental exercise — it strengthens your employees' ability to perform. Engage their minds and watch their performance grow!

So let's take a detailed look at the three intellectual needs and how you can fulfill them.

Achievement

The need to achieve is one of the more visible needs in our society. It fuels performance in the worlds of sports, music, politics, media and certainly, business. We all have a need to achieve. At one level or another, everyone wants to succeed at something.

An unfulfilled need for achievement leads to frustration, disappointment and a decreased sense of self-worth. These are not feelings you want your employees experiencing, and you definitely don't want the reduced productivity that accompanies them. You can use two simple strategies to help fulfill your employees' need for achievement: eliminate barriers and define crystal clear goals.

Eliminating barriers to achievement is one of the most powerful ways to engage your team. Employees want to achieve results — for themselves, for the team and for you. In fact, the human need for achievement is so strong that, for the most part, all you need to do as a leader is get out of the way! In other words, make it easy for your employees to succeed. This is not about lowering your standards. Making it easy for employees to succeed means eliminating barriers so their basic need to achieve can be fulfilled. Some common barriers to employee achievement that leaders can control include: insufficient materials, equipment or tools; lack of authority to accomplish goals; slow or unclear decision-making processes; and undefined goals. These barriers choke an employee's need for achievement rather than fulfill it.

So what can you do to eliminate barriers to achievement? Following are a few actions you can take. In parentheses are some typical responses your employees will have when their need for achievement is met. Whether or not you hear these responses, they will be expressed somehow, and they represent the seeds of intellectual engagement.

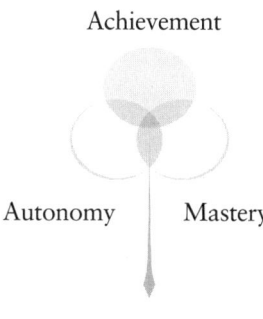

Achievement

Autonomy | Mastery

Engaging Minds

- Be a resource provider. Ensure your employees have the necessary materials, equipment and resources to achieve their goals. ("Now I can focus on what' s really important — performing.")

- Match authority to responsibility. Give employees the authority they need to achieve the results for which you will hold them accountable. ("I am in control of my destiny at work.")

- Be decisive. Use the best available information and your intuition to provide definite and timely decisions for employees. Analysis paralysis is the enemy of achievement. ("I'm not waiting on anyone except me, so I need to keep moving. I have commitments to keep!")

The second strategy for meeting the achievement need is to **define crystal clear goals and then keep employees focused on those goals.** To illustrate the importance of staying focused, consider two sources of energy: the sun and a laser. The sun is a powerful source of energy. It showers the earth with billions of kilowatts of energy every hour. Yet with minimal protection, say a hat and some sunscreen, you can bask in the sunlight for hours with few negative effects. On the other hand, a laser uses a weak source of energy and focuses it in a cohesive stream of light, producing intense heat and power. With a laser, you can drill a hole in a diamond by achieving your or defeat a cancer. That' s the power goals is not as of focus!

It works the same for your employees. Clear goals require less energy to yield greater results because your employees' efforts are laser-like. Clear goals make it easier for employees to achieve because they can better prioritize their time and energy to focus on things that are important to your team's success.

If clearly defined goals are so powerful and support employees' need to achieve, why do so many leaders struggle with diffused employee efforts? The primary reason is today's change-intensive, information-loaded business world. This type of environment creates so many distractions, it's hard for employees (and leaders) to stay focused on their goals. These distractions steal time and energy and can quickly undermine your employees' efforts to achieve.

> "What you get by achieving your goals is not as impor-tant as what you become by achieving your goals."
> —Zig Ziglar Author and Speaker

I recently read this saying on a poster: "When winds of change blow hard enough, even the most trivial of objects can become deadly projectiles." Invest the time to define and continually reinforce employees' goals to help them see clearly through the winds of change and achieve!

When you take action to support your employees in their quest for achievement, you take a big step toward engaging their minds and improving their performance.

FULFILLING THE NEED

Key strategies to fulfill your employees' need for **Achievement**:

- Eliminate barriers to achievement.
- Define crystal clear goals so employees will know when they have achieved them.

What is **one action you can take** to more effectively meet this need?

Autonomy

While achievement focuses on the outcome of your employees' work, autonomy focuses on the process of getting work done. Engaging leaders give their teams the freedom, or autonomy, to determine the best way to perform their jobs. These leaders realize that employees have a basic need to "own" or control how they accomplish their work.

The first strategy to fulfill this need is to involve your employees in defining and improving their work processes. Clearly defined processes are critical to any efficient operation. Even in the most routine jobs, you can still get input from employees about ways to make improvements. When you give team members the appropriate level of autonomy, you engage their minds. The benefit to you? **People support what they help create.** When employees support the process, they are much more likely to give discretionary effort.

Giving employees control over their work is not always intuitive or comfortable for leaders. It requires having trust in your team. Autonomy is generally more important than doing it "the way the boss said to do it." What's the risk of not providing autonomy? Employees basically become robots — they give you their hands and feet, but not their minds and hearts.

Achievement

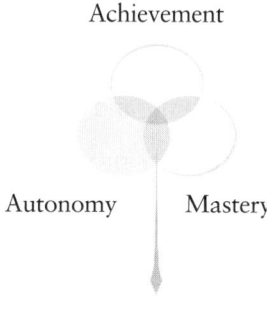

Autonomy | Mastery

Engaging Minds

Toyota does a great job of involving employees and fulfilling their need for autonomy. Toyota employees are required to submit two suggestions per month that they can implement themselves or with a teammate — in other words, something the employee can control. As a result, Toyota receives over 3 million employee suggestions for improvement each year. More impressively, 80% of these actually get implemented! Even though many of Toyota's employees perform repetitive manufacturing jobs, this approach sends a strong message that employees have control over their work processes. What kind of impact would this approach to autonomy have in your organization?

The second key strategy to fulfilling the need for autonomy is to set clear boundaries. Jeff Immelt is Chief Executive Officer at General Electric. One of his leadership tips is: Manage by setting boundaries, with freedom in the middle (in other words, give your employees autonomy). Immelt says, "The boundaries are commitment, passion, trust and teamwork. Within those boundaries, there's plenty of freedom."

Determine the appropriate boundaries for your team. Your organizational values can give you a hint as to what these boundaries should be (e.g., teamwork, innovation, mutual respect, customer focus, open communication, fact-based decision making, etc.). These boundaries will help you define the playing field within which employees can use their skills and creativity to get work done.

> "If you put fences around people, you get sheep."
> —William McKnight, Former CEO, 3M

When you give team members autonomy, they take personal pride in their work and will:

- identify improvements you likely would not (they are closer to the work and the customer);

- use their discretionary time and effort to measure and monitor their own processes (like business owners, they will demonstrate similar efforts as owners of their processes);

- increase quality and quantity of output (they will feel a sense of accountability to themselves and to their team);

see a clear connection between their work and the goals of the team (true process owners ask, "How does this process affect our team and our customers?").

Involve employees in improving their work processes and set clear boundaries, then you will engage their minds and be on your way to Passionate Performance!

FULFILLING THE NEED

Key strategies to fulfill your employees' need for **Autonomy**:

◆ When identifying improvements to work processes, focus on those that employees can implement them-selves.
◆ Set broad yet clear boundaries for performance and then let your employees determine the best methods to achieve their goals.

What is **one action you can take** to more effectively meet this need?

MASTERY

One of the strongest intellectual drives people have is to do something well — to master something. We are born with this need. Consider a baby who is learning to walk. Despite countless trips, stumbles, bumps and bruises, a baby's need to master the skill of walking remains strong until s/he can do it effortlessly. In the workplace, mastery is about being competent in a given position. A single role can require different types of knowledge and skills. For example , one job could require knowledge of your industry's supply chain, competitive pricing strategies and financial metrics, and also skills in project management, negotiation, sales and written communication.

Did you know the average person possesses between 500 and 700 different skills and abilities? An engaging leader helps employees develop and master the specific skills required for their jobs. When employees feel they have mastered their jobs, their performance will skyrocket. Two key strategies for meeting the mastery need are fit and learning.

Finding a good fit between an employee's natural abilities and interests and the requirements of the job is crucial to meeting the mastery need. Just as land developers look for the "highest and best use" of their land to maximize the return on their investment, engaging leaders view themselves as people developers. They look for the highest and best use of their employees by thoughtfully matching people to positions. This matching process is the single best predictor of how well the mastery need will be met. If you don't match the employee and the role correctly, you're stacking the odds against the employee mastering that role.

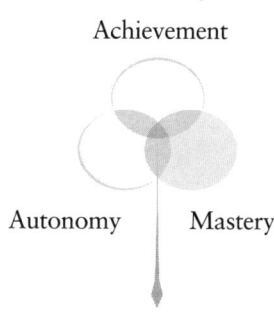

Achievement

Autonomy | Mastery

Engaging Minds

Today's fast-paced, efficiency-minded organizations make it challenging to always ensure a good fit.

For example, as companies continue to do more work with fewer people, it's common to find employees picking up the slack for positions that have been eliminated. If personnel reductions aren't executed carefully, the remaining employees can find themselves *under* employed — consumed by "leftover" tasks that drain their time but don't tap their minds. This starts a cycle of "lowest and worst use" of talent. The result is a poor fit between the person and the position that frequently creates a downward spiral of self-doubt, anxiety and frustration. If you've ever experienced this, you know it feels more like misery than mastery.

To prevent this cycle of "lowest and worst use" and the resulting decline in performance, carefully design the work on your team. Consider the following:

➤ Combine tasks that require similar skill levels so you can more easily match the person's skills to the position's requirements.

- Automate repetitive tasks. Remember, you're trying to engage, not disengage, employees' minds.

- Streamline inefficient processes and eliminate redundant tasks that prevent employees from building mastery in the critical parts of their jobs.

- Outsource tasks that require significant effort but have little impact on the organization.

Learning is the second strategy for meeting the mastery need. **When you invest in a mind, you engage it.** Mastery is not built in chunks. It's a gradual process of layering. So create a rich, multi-layered learning environment for your team. Use a variety of learning sources — special projects, cross-functional assignments, presentat ions to management and training colleagues (the best test of learning is to be able to teach someone else). Layer on the experiences to build mastery.

> "In teaching others, we teach ourselves."
> —Proverb

Although some learning for mastery requires a financial investment (e.g., seminars, professional memberships, publications), the best return is gene-rated from an investment of your time and energy. There are few better places to spend your leadership resources than on building your employees' mastery. Remember — successful leaders achieve results through others. Your employees' mastery gets you results.

The most important source of learning for your employees is YOU! **An engaging leader is a coach.** Share your experiences. There are lessons to be found in everything your team does. Look for opportunities in: post-project reviews, customer meetings, conflicts with other departments, changes in priorities, miscommunications and mistakes. Yes, mistakes. The truth is that good judgment comes from experience, and a lot of that comes from bad judgment. Seize all of these opportunities to coach your employees toward mastery.

Challenge your employees in every way, every day. They will master their jobs. You will engage their minds and elevate your team's performance.

FULFILLING THE NEED

Key strategies to fulfill your employees' need
for **Mastery**:

◆ Ensure a good fit between people and positions
to get the "highest and best use" of your
employees' skills.

◆ Seize teachable moments to coach your
employees and pass along your own mastery.

What is **one action you can take** to more
effectively meet this need?

....

.

Engage their MINDS to build Performance,

Engage their HEARTS to create Passion,

then conquer the competition with PASSIONATE PERFORMANCE.

"It's not the size of the man, but the size of his heart that matters."

—Evander Holyfield, Three-time World Heavyweight Boxing Champion

For success,

I will...

ENGAGING THE HEART

Engaging the heart tends to be more challenging for leaders than engaging the mind. It's the softer side of leadership, but it's often harder to get your hands around. Traditional leadership development programs don't emphasize the skills necessary to engage employees' hearts, and many organizations don't reinforce these skills with their leaders. As a result, many leaders tend to be less comfortable with this side of engagement because they simply have never learned how or what to do. Emotional engagement creates an advantage that is very difficult for your competitors to duplicate, so it's worth learning to do well.

The heart represents the emotional side of people that is based on connections. This side requires the art of leadership that focuses on relationships. **Engaging the heart creates passion.**

Although we might like to think otherwise, the truth is that we live in a world driven by emotional decisions. Remember that 70% of customers' buying decisions are based on human interactions. Likewise, employees are primarily driven by emotional and personal considerations. When people go to work, they don't leave their heart s at home. We may live in a high-tech world, but leadership is still a high-touch job.

How often do you hear people speak with envy about companies with "real heart"—companies like The Container Store, Southwest Airlines, Harley-Davidson, Enterprise Rent-A-Car and Chick-fil-A? Outsiders are constantly looking for their "secrets" to success. The secret lies in the hearts of their employees. These companies have created connected teams and, as a result, have built dominant businesses.

If you're going to engage your employees' hearts, you must first meet their basic emotional needs:

1. Purpose

2. Intimacy

3. Appreciation

When you fulfill these needs, you create self-reinforcing connections — connections between your employees and you, between their work and their purpose, and between each other. These connections establish strong, intangible relationships that yield amazing tangible results. Engage employees' hearts and watch their passion grow!

Let's take a closer look at each of these three emotional needs and discover how you can meet each one.

We are employed by organizations, but we work for people.

PURPOSE

All of us are in search of a clear and driving purpose for our lives; we want to contribute to something bigger than ourselves. The workplace offers a great opportunity for people to connect with a purpose. The reality is that people care less about working for a company and much more about working for a compelling cause. Without a purpose, your employees are just putting in time. Their minds might be engaged, but their hearts will not be. A team without a purpose is a team without passion. Your team members may achieve short-term results, but they won't have the heart to go the distance.

The first strategy to satisfy this basic need is to give employees a compelling purpose and then help them connect with it emotionally. Do a little "LBWA" — Leadership By Walking Around. Take a close look at what your employees are doing day in and day out. You might find that their hearts are much bigger than their jobs. Get team members inspired about a cause, and their hearts will follow. **A purpose is your team's bridge to a brighter tomorrow ⋯ and you have to build it!**

A compelling purpose is not a project goal, financial target or strategic plan. Your employees won't get emotionally charged about a "10% net profit," "20% return on investment" or "30% increase in market share." A compelling purpose is a reason to be excited about getting up and going to work every day. Remember, now we're talking about the emotional side of engagement.

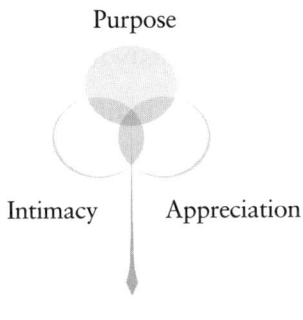

Purpose

Intimacy | Appreciation

Engaging Hearts

A purpose can come in all varieties — perhaps it is to help others, to make the world a better place, to innovate or to win. For example, Disney's purpose is "to make dreams come true." Coke worked diligently to develop its purpose: to put a Coke within reach of every Purpose person on Earth. Pepsi's purpose is to "beat Coke!" Your organization's real purpose may not be apparent at first glance. For instance, a company that distributes building products to home-builders may not seem to have a compelling cause; but a deeper look reveals that they "help make the American dream a reality." That's a cause worth working for!

Your team should also have a purpose. It might simply be to support the purpose of the organization. If so, help your employees make a strong emotional connection between their individual roles and the organization's purpose.

> "It's not enough to be busy. The question is, what are we busy about?"
> —Henry David Thoreau, Poet and Naturalist

Don't wait for your organization to communicate a

purpose that your team can latch onto. Take the initiative now to engage the hearts of your employees so they will develop a passion for their work. No matter how large or small your team, define a compelling purpose. Be bold. Step back and look at the big picture. Think of how your team improves life for others. Your purpose should answer the question, "What difference are we making?" Your answer should stir your emo-tions.

For example, a customer call center may have a pur-pose to brighten the day of each and every caller. An information technology department's cause could be to improve personal productivity. For a purchasing department, it might be to ensure that all company products are made with the best raw materials available.

To maximize your employees' passion, fully engage their hearts by asking them how their jobs relate to

your team's purpose. Some questions you might pose
include:

- "How does our purpose make you feel?" (If you
  hear responses like proud, important, connected,
  helpful or like a winner, you're on the right track.)
- "Does our purpose make you look at your job
  differently?"
- "Do our roles, procedures, resources, skills and
  priorities support our ability to achieve our pur-
  pose?"
- "What can you change or do differently to better
  support our purpose?"
- "What can I change or do differently to better
  support our purpose?"

Once employees see a clear connection between
their role and their purpose, the next strategy is to help
them stay focused on that purpose. It's far too easy to
become preoccupied with activity for activity's sake.

We can turn into human "doings" instead of human beings. Without a daily laser-like focus on your team's purpose, employees can get caught up in their activity ("I am really busy") instead of their productivity ("I am working toward our purpose").

Engaging leaders help their team members prioritize so they can say "Yes" to those tasks that directly support the team's purpose and "No" to other tasks. **Your employees' time and energy are precious resources**— if they're spent on one task, they cannot be spent on another.

Give employees a purpose, and you fill their hearts with passion. They won't just be engaged; they'll be in overdrive!

Fulfilling the Need

Key strategies to fulfill your employees' need for **Purpose:**

- ◆ Create a compelling purpose and then help employees see the connection between that purpose and their roles.
- ◆ Stay focused on activities that directly support your team's purpose.

What is **one action you can take** to more effectively meet this need?

INTIMACY

Intimacy makes people feel connected. It's a basic human emotional need to belong, to not be alone. At work, a need for intimacy means feeling like part of a team and being connected to those around us. When this need goes unmet, employees feel alone and discon-nected. They become just a set of hands

punching a clock. They leave their hearts at home —
they disengage.

Fulfilling the need for intimacy is about building
relationships and close connections. Your team should
be the focal point for developing these connections,
and there are two strategies you can use to accomplish
this: maintain smallness and create rituals.

As organizations grow, more layers naturally appear
between the customer and the top executive. This
expanding hierarchy inhibits a team's speed, respon-
siveness and real-time understanding of customer
needs. In addition, as teams expand, employees may
find it harder to keep their fingers on the pulse of the
customer. Smaller teams combat these natural
tendencies. Close connections are more likely to be
sustained on smaller teams. Small teams allow for
more intimacy with customers (internal and external).
Microsoft keeps its development teams around 12

members for this very reason. To foster closer connections with customers, keep your teams small.

Small teams also facilitate deeper relationships within the team. People want to feel like they have "family" at work. The more your employees feel family-like emotional attachments with co-workers, the more emotionally engaged they will be.

They will help each other and take care of each other at work⋯and often beyond work. Did you know that an employee's co-workers and immediate supervisor dictate 90% of how that employee will relate to and feel about the organization?

This is because the smallest team is where the closest relationships are developed. Even large, worldwide organizations depend on local leaders to build connections, foster intimacy and engage employees. The corporate office actually rides the coattails of local leaders' relationships with their teams.

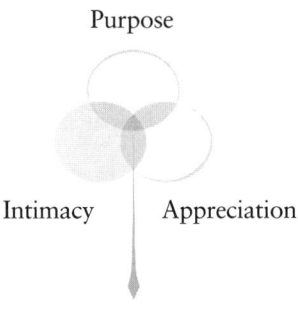

Purpose

Intimacy | Appreciation

Engaging Hearts

When employees form close connections with one another, they become passionate about their work. They go above and beyond for each other and for the team. Let me share an illustration of this.

Not long ago, I was walking near the receiving dock at the back of a store location for a national retailer. I watched as an entry-level clerk in his early twenties abruptly stopped an empty truck before it left the dock. He quickly grabbed a broom, hopped into the back of the truck, gave it a good once-over with the broom, and then motioned the driver to go ahead.

After the truck pulled away, I walked past him and jokingly said, "Nice jump back there!" He replied, "Well, I'm done with my shift, but I wanted to make sure the truck was cleaned up. It saves Jeff time back at the warehouse when he picks up another load. Jeff is on my service team, and he's had a pretty hectic schedule lately. I just wanted to help him out. No big deal." Now that's the power of connected, engaged teams!

> "People don't care how much you know until they know how much you care."
> —Unknown

The second strategy for meeting the intimacy need is to create rituals. Engaging leaders do what other leaders might consider to be corny. These leaders make it a priority to **establish rituals and "traditions" that connect employees to each other and to the customer.** The purpose is to foster intimacy, belonging and fun. And I can assure you that their employees certainly do not think these events are corny. Try some of these rituals with your team:

- ▸ Celebrate employee birthdays and special occasions.
- ▴ Create team cheers.
- ◥ Coordinate social events and gatherings.
- ◂ Post photos of team members and customers.

Engaging employees' hearts is a personal matter. Maintaining small teams and creating rituals help fulfill your team's need for intimacy. If employees aren't close with their team members, it's unlikely your organization will be close with its customers.

FULFILLING THE NEED

Key strategies to fulfill your employees' need for **Intimacy:**

◆ Maintain small teams to keep employees connected with their customers and each other.
◆ Create rituals and celebrations to facilitate a sense of belonging and an atmosphere of fun.

What is **one action you can take** to more effectively meet this need?

Appreciation

William James, the father of psychology, stated that a fundamental human need is to be appreciated. This idea is supported by many studies that show the number one need expressed by employees is to feel fully appreciated for their work. Although leaders widely recognize the need for employee appreciation, it tends to be a blind spot for many leaders. In other words, **leaders generally believe they are much more appreciative of their employees than their employees think they are.**

Employees subconsciously "add up" their contributions and compare that to the appreciation they receive for their work. Then they ask the question, "Is the difference positive, negative or in balance?" If they perceive that the appreciation you express is less than their contributions, they will be on the fast track to disengagement. To engage their hearts, your appreciation must equal, or ideally exceed, their level of contribution.

Engaging leaders utilize two strategies to fulfill the need for appreciation:

1. Appreciate contributions
2. Appreciate the person

Appreciate employees' contributions by proactively looking for opportunities to acknowledge their efforts and results. **Catch people doing something good ··· and do it often!** Although cash reinforcements are one way to acknowledge contributions, they tend to have limited potential for engaging employees' hearts. On the other hand, *non*-cash appreciation is more powerful and longer lasting. Why? Because it's personal — it builds relationships and connections with employees. As a result, Appreciation it engages the heart of the recipient. This is basic psychology — **reinforce those behaviors that you want to see more of.**

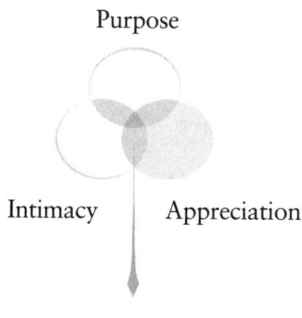

Purpose

Intimacy | Appreciation

Engaging Hearts

> "People will forget what you said. will even forget you did. But people will never forget how you made them feel."
> —Unknown

The good news is that leaders have complete control over this type of personal appreciation. No budget People limitations here — there are what literally thousands of ways to appreciate your employees' contributions at little or no cost.

Learn to effectively express your appreciation for employees' efforts. Appreciation should be memorable, sincere, motivating and meaningful to the employee, and it should provide acknowledgement with peers. Here are some ways you can meet employees' need for appreciation and engage their hearts:

- Say "Thank you!" — an all-too-obvious yet highly

underused form of appreciation.

▸ Allow employees to present their work to your boss. This is a great way to engage employees, and it also shows your boss what kind of leader you are.

◂ Offer team members a choice of projects to work on. When employees buy into a project, they will put their hearts into it.

◂ Put a sincere acknowledgement in your company or department newsletter. This takes only a few minutes of your time, but creates long-term "trophy value" for the employee.

◂ Tell an employee's story of accomplishment at a staff meeting. Stories are perceived as more interesting, meaningful, thoughtful and memorable.

▾ Take a team member to lunch to show your appreciation. Remember to do more listening than talking.

Carly Fiorina, CEO of Hewlett Packard, can certainly be considered a busy leader with many demands on her time. However, she always finds time to show her appreciation for employees who close new contracts with balloons, gifts, cakes, etc. Appreciating employee contributions is not a matter of time; it's a matter of priority.

The engaging leader also knows that appreciating the person is just as important as appreciating contributions. A study of over 20,000 leaders found that the most effective ones had one thing in common: They expressed a sincere interest in, and appreciation for, their employees as people. "Sincere" is the operative word here. Your motivation matters! If you acknowledge employees in hopes of getting something in return, they will see right through you.

Learn something new each day about one of your employees. Ask about family, hobbies, leisure activities, etc. You will begin to understand and appreciate them more fully. Then weave this information into your interactions with them. They will return your appreciation with passion for your leadership.

The bottom line is this: **We do more for those who appreciate us.** Appreciate your employees and you will engage their hearts!

FULFILLING THE NEED

Key strategies to fulfill your employees' need
for **Appreciation:**

- ◆ Look for opportunities to show your
  appreciation for employee contributions.
- ◆ Appreciate employees as people. Learn what
  makes them tick.

What is **one action you can take** to more
effectively meet this need?

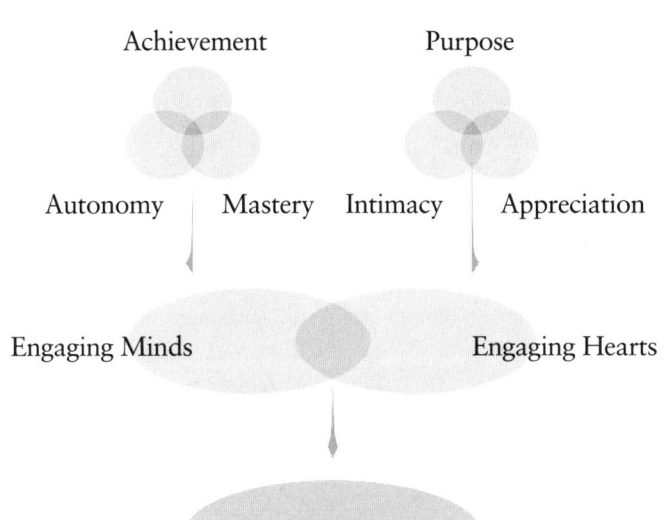

Achievement

Purpose

Autonomy   Mastery   Intimacy   Appreciation

Engaging Minds   Engaging Hearts

Passionate Performance

F o r   s u c c e s s ,

I   w i l l . . .

LEADING THE WAY

Engaged minds build your employees' performance and engaged hearts build their passion—they go hand in hand. You ignite Passionate Performance only when all three intellectual and all three emotional needs are fulfilled and you connect minds and hearts. The chart on the next page summarizes the strategies to fulfill the six needs we have discussed. Take a moment to review them before we discuss how you can lead the way to Passionate Performance.

"Engaging leaders make good employees into better people."
—Ed Gubman, Management Consultant and Author

Needs	Strategies
Intellectual	
Achievement	◆ Eliminate barriers to achievement. ◆ Define crystal clear goals.
Autonomy	◆ Involve employees in improving their work processes. ◆ Set broad yet clear boundaries.
Mastery	◆ Fit person to position for "highest and best use." ◆ Seize teachable moments to coach employees.
Emotional	
Purpose	◆ Connect roles to a compelling. ◆ Stay focused on activities that support your purpose.
Intimacy	◆ Maintain small teams. ◆ Create and reinforce team rituals.
Appreciation	◆ Find opportunities to appreciate employees' contributions. ◆ Demonstrate a sincere interest in your employees as people. Learn what makes them tick.

Leading the way to Passionate Performance for your team is a big responsibility. As a leader, you're the only person who can engage your employees. It's not your boss's responsibility or Human Resources'— it's yours. Engaging employees is a personal matter, not a company matter.

Meeting your employees' needs and engaging them is a long-term process, and there are no shortcuts. **You need to mentally prepare for a marathon versus a sprint.** And there may be some bumps in the road. You may not see the sparks of Passionate Performance until you are well into the race and feeling weary, like you can't go on. That's usually about the time your team seems to give it all back, and you see the positive results of your efforts. It's like the "runner's high." Suddenly your team's success appears effortless—you are in the zone. Only you and your team can fully appreciate the simplicity and hard work behind your winning ways. Best of all, you leave your competition in the dust as you cruise past them.

Of course, you will never win the race if you don't start the race. A marathoner doesn't start a race thinking about mile 26. She starts the race thinking about the first mile, and then she takes one step at a time. You need to do the same. Passionate Performance is your ultimate goal, but you have to take one step at a time. **Start the journey by thinking about fulfilling one basic need at a time.**

Speaking of long journeys, did you know that a lunar voyage is about half a million miles roundtrip? Here's the really interesting part: More energy is spent in the first few seconds and miles of that voyage than in the remaining days and half million miles. The gravitational pull of the earth in those first miles is tremendous (probably a lot like pulling my kids away from the television on saturday mornings!). It takes an internal thrust greater than the force of gravity and the resistance of the atmosphere to put the spacecraft into orbit. But once it's in orbit, it takes very little power to complete the rest of the voyage.

This is a powerful metaphor for describing what it takes to build new, engaging leadership habits. It can be uncomfortable and very effortful at first, and you may even feel resistance to your own "gravitational pull." But once you develop a new habit, it feels comfortable and effortless. Engaging leaders will tell you that it's well worth the initial discomfort to achieve Passionate Performance.

To get Passionate Performance, you must give it.

The first step in the journey is yours: **Engaging leaders start with themselves.** They ensure that they are fully engaged before they try to engage their employees. So, if you think your team's achievement is low, examine your own need for achievement. If your team's mastery is lacking, ask yourself what you can do to build your own mastery. If your team's sense of purpose seems heartless, look into the heart of your own purpose. Living as a positive example is perhaps the most powerful engagement strategy of all.

The next step is to focus on meeting your employees' needs. Go back and reread the section of this book that corresponds to the basic need you think is the biggest challenge for your team. Look at the one action you wrote down in the "Fulfilling the Need" section. Then, **commit to that action!** Here are examples of actions you might take:

- I will look for opportunities to help my employees master key skills.
- I will eliminate the primary barrier to achievement by defining clear goals with each employee.
- I will find one reason every day to recognize some-

one on my team.

◀ I will ask for suggestions for improvement at every staff meeting.

◥ I will implement a structured selection process to ensure a good fit between person and position.

▼ I will review my team's structure to ensure that all team members feel closely connected to their peers and their customers.

◥ I will ask my employees what changes they can make to be certain we stay focused on our purpose.

Now, **turn the one action you selected into a positive habit.** It takes 28 days of action and reinforcement to create a new habit. So stick to just one action until you're certain you've created a habit that fulfills a basic need for employees. After 28 days of disciplined effort, your new habit should require minimal effort to maintain. It will begin to be the natural way you lead.

Once your new action has truly become a habit, come back to this book. Identify another unmet need to fulfill and build another positive habit. Take baby steps to create successes upon which you and your team can build confidence and momentum. Remember, it's a long race.

Start today with one simple action. Then follow that up with another. You will be well on your way to meeting your employees' needs. Eventually you will achieve a "runner's high," and you will discover that you have fully engaged the minds and hearts of your employees. Everyone on your team will deliver Passionate Performance every day. **You will win the race and conquer the competition!**

Successful leaders have successful habits. They sacrifice today's pleasures for tomorrow's rewards.

리 J. 콜란 *Lee J. Colan*

저자는 기업의 고문관이자 연설가로 활발한 활동을 하고 있다. 20년간 직접 기업을 경영하고 컨설팅한 경험이 있으며, 조지 워싱턴 *George Washington* 대학에서 산업/조직 심리학분야의 박사학위를 받았다. 그의 열정적이고 에너지 넘치는 강연과 프레젠테이션은 청중들을 사로잡는 것으로 유명하다. 또한 누구나 당장 업무에 사용할 수 있는 실용적이고 강력한 도구를 전달해 준다고 정평이 나 있다.

http:// www.theLgroup.com

송경근

한국 기업에 맞는 경영전략(비전, 핵심역량) 수립과 경영혁신, 지식경영, 통합경영성과지표, 고객관계관리(CRM), 정보시스템 (ERP) 구축 등 기업 컨설팅 프로젝트를 전문적으로 수행하는 하나컨설팅그룹의 대표다. 한국능률협회, (주)제일기획 경영자문 위원, (주)금강기획 경영혁신 자문위원을 역임했으며, 현재 서울중앙병원(미션, 비전, BSC), (주)화천기계의 고문으로 활동하고 있다.

역서로는《주식회사 예수》,《기적의 사명선언문》,《먼데이 모닝 커뮤니케이션 8일간의 기적》,《로열티 레슨, 홀리고 사로잡고 열광한다》등 다수가 있다.

한언의 사명선언문

Our Mission   —·우리는 새로운 지식을 창출, 전파하여 전 인류가 이를 공유케
함으로써 인류문화의 발전과 행복에 이바지한다.

               —·우리는 끊임없이 학습하는 조직으로서 자신과 조직의 발전
을 위해 쉼없이 노력하며, 궁극적으로는 세계적 컨텐츠 그룹
을 지향한다.

               —·우리는 정신적, 물질적으로 최고 수준의 복지를 실현하기 위
해 노력하며, 명실공히 초일류 사원들의 집합체로서 부끄럼없
이 행동한다.

Our Vision   한언은 컨텐츠 기업의 선도적 성공모델이 된다.

> 저희 한언인들은 위와 같은 사명을 항상 가슴 속에 간직하고
> 좋은 책을 만들기 위해 최선을 다하고 있습니다.
> 독자 여러분의 아낌없는 충고와 격려를 부탁드립니다.
> · 한언 가족 ·

HanEon´s Mission statement

Our Mission   —·We create and broadcast new knowledge for the
advancement and happiness of the whole human
race.

               —·We do our best to improve ourselves and the
organization, with the ultimate goal of striving to
be the best content group in the world.

               —·We try to realize the highest quality of welfare
system in both mental and physical ways and we
behave in a manner that reflects our mission as
proud members of HanEon Community.

Our Vision   HanEon will be the leading Success Model of the
content group.